轨道交通职业教育"一带一路"建设系列教材

铁路轨道工程

主　编　李前豪　梁　斌

副主编　杨生明　陈　琰　张向东

主　审　蒋伟兴

西南交通大学出版社

·成　都·

内容简介

本书从轨道基本结构、轨道检测、轨道施工及轨道维护等方面，阐述了铁路轨道的基本构造、轨道工程的施工方法和工艺要求，铁道线路维修的基本知识和基本技能，以及施工与维修安全管理工作要点。

本书适用于高职及大专层次铁道工程、高速铁道工程，以及城市轨道交通工程技术等专业国际化方向人才培养，也适用于本科同类或相近专业国际留学生从事铁路施工与维护方面工作的岗前培训与自学，也可用于高职交通土建类相关专业相应层次的国际交流与教学，还可供采用中国铁路标准的国际铁路施工及维护专业技术人员参考使用。

图书在版编目（C I P）数据

铁路轨道工程 / 李前豪，梁斌主编. —成都：西南交通大学出版社，2020.11（2024.8 重印）
ISBN 978-7-5643-7705-2

Ⅰ. ①铁… Ⅱ. ①李… ②梁… Ⅲ. ①轨道（铁路） –铁路工程 – 教材 Ⅳ. ①U213.2

中国版本图书馆 CIP 数据核字（2020）第 187909 号

Tielu Guidao Gongcheng

铁路轨道工程

主　编 / 李前豪　梁　斌	责任编辑 / 李晓辉
	助理编辑 / 韩洪黎
	封面设计 / 吴　兵

西南交通大学出版社出版发行
（四川省成都市金牛区二环路北一段 111 号西南交通大学创新大厦 21 楼　610031）
发行部电话：028-87600564　　028-87600533
网址：http://www.xnjdcbs.com
印刷：四川森林印务有限责任公司

成品尺寸　185 mm×260 mm
印张　8.25　　字数　197 千
版次　2020 年 11 月第 1 版　　印次　2024 年 8 月第 2 次

书号　ISBN 978-7-5643-7705-2
定价　28.00 元

前言 Preface

　　随着中国"一带一路"倡议的提出，中国高速铁路凭借技术先进、安全可靠、性价比高等优势走出国门，并以东盟国家为发展重点，中国铁路技术在全球 40 多个国家的 50 多个铁路建设项目中正发挥着举足轻重的作用。例如磨万铁路、中泰铁路一期等中老、中泰铁路项目合作建设取得积极进展，中国铁路行业"中国标准"逐步走向国际化。当前，铁路轨道结构、施工方法、维修机械设备以及施工与维修的管理理念也发生着巨大变化，因此对于采用中国标准的国际铁路施工与维护专业人员提出了更高的要求，对高职及大专层次铁道工程类专业国际化人才培养提出了新的课题。

　　本教材分为 7 大项目，共设置 25 个知识点。编写过程中，参照当前中国铁路设计、施工、验收、维修等方面的相关规范和标准，结合国际化教学的特点，按照项目组织了教学内容。柳州铁道职业技术学院李前豪、梁斌担任主编并负责全书的主要编写工作，柳州铁道职业技术学院杨生明、陈琰，广东交通职业技术学院张向东担任副主编，中国铁路南宁局集团玉林工务段高级工程师蒋伟兴担任主审。柳州铁道职业技术学院刘强、刘阳、罗桂发、杨美玲、张愿、罗荣海、廖桂柳，中国铁路南宁局集团柳州工务段陈文春、韦少权，中国铁路南宁局集团职培中心高级工程师刘贵琚，桂林高铁工务段盘文学，中铁二十五局魏磊、罗亮江、张东清，中铁十四局五公司杜少成、王国术，广州南方高速铁路测量技术有限公司朱茂栋，中铁八局黄龙也参与了教材编写。其中，李前豪、刘强、盘文学参与项目一"轨道基本构造"的编写，李前豪、陈文春、韦少权参与项目二"道岔构造"的编写，张向东、张愿、廖桂柳参与项目三"无缝线路构造"的编写，梁斌、罗荣海、张东清参与项目四"曲线线路构造"的编写，杨生明、刘阳、杨美玲参与项目五"线路设备检查"的编写，梁斌、朱茂栋、杜少成、王国术参与项目六"轨道铺设施工"的编写，李前豪、杨生明、魏磊参与项目六"轨道铺设施工"的编写，李前豪、罗桂发、刘贵琚参与项目七"轨道设备维修"的编写，黄龙等参与工程案例的编写。

本书得到广西沿海铁路股份有限公司高级技师姚鹏新等行业人士的大力支持，在此特别鸣谢。

　　本书编写过程中参考了大量的文献资料，在此谨向所有文献资料的作者表示衷心的感谢和敬意。

　　由于编者水平有限，书中难免存在不妥之处，恳请读者批评指正，以便及时修正。

编　者

2020 年 4 月

目 录 Contents

绪　论

经过多年的高速铁路建设和对既有铁路的提速改造，中国目前已经拥有全世界最大规模以及最高运营速度的高速铁路网。2016 年 7 月 15 日，中国标准动车组以 420 km/h 的动车交汇速度完成试验。截止 2023 年年底，中国铁路营业里程 15.9 万公里，其中高铁 4.5 万公里；复线率 60.3%，电化率 75.2%。中国铁路已形成高速铁路与普速铁路共同发展的局面。

一、铁路类型

铁路类型除可根据运行速度来进行分类外，还可根据铁路主要技术标准进行分类。国际上对铁路的分类标准很多，如铁路等级、用途、正线数目、平面线形等。这里介绍中国铁路不同的标准的分类。

（一）按轨距分类

根据轨距，铁路可分为标准轨距铁路（轨距为 1 435 mm）、窄轨铁路（轨距小于 1 435 mm）和宽轨铁路（轨距大于 1 435 mm）。

（二）按铁路等级分类

根据铁路在路网中的作用和年货运量，铁路可分为四个等级，如表 0.1 所示。

表 0.1　中国铁路等级分类

等　级	Ⅰ 级	Ⅱ 级	Ⅲ 级	Ⅳ 级
近期年客货运量 T/Mt	$T \geqslant 20$	$10 \leqslant T < 20$	$5 \leqslant T < 10$	$T < 5$
在铁路网中的作用	骨干	联络、辅助作用	为某一地区或企业服务	为某一地区或企业服务

（三）按正线数目分类

根据正线的数目，铁路可以分为单线铁路（见图 0.1）和复（双）线铁路（见图 0.3）。

（四）按线路用途分类

根据线路的用途，铁路可以分为正线、站线、段管线、岔线等，如图 0.1、图 0.2 所示。其中，正线按轨道类型还可分为特重型、重型、次重型、中型、轻型轨道。

图 0.1 铁路正线（单线） 图 0.2 铁路站线

（五）按平面线形分类

根据线路的平面线形，铁路可以分为直线轨道线路和曲线轨道线路，如图 0.3、图 0.4 所示。

图 0.3 直线铁路（双线） 图 0.4 铁路曲线（双线）

（六）按钢轨的接续方式分类

根据钢轨的接续方式，铁路可分为有缝线路和无缝线路，如图 0.5、图 0.6 所示。

图 0.5 有缝线路 图 0.6 无缝线路

（七）按行车速度分类

中国铁路根据最高列车运行速度，按既有线改造最高运行速度达到 200 km/h 或新建铁路最高运行速度达到 250 km/h 及以上的铁路称为高速铁路，最高运行速度在 200 km/h 以下为普速铁路，如图 0.7、图 0.8 所示。

图 0.7　普速铁路　　　　　　　　　　　　　　图 0.8　高速铁路

（八）按运输的对象分类

根据运输的对象，铁路可以分为客货共线、客运专线、货运专线。目前中国铁路多数为客货共线铁路。

（九）按枕下基础分类

根据枕下基础，铁路可分为无砟轨道（见图 0.9）和有砟轨道（见图 0.10）。

图 0.9　无砟轨道　　　　　　　　　　　　　　图 0.10　有砟轨道

二、关于本课程

（一）课程主要内容

课程内容设置 7 大项目、25 个知识点，由理论模块、拓展模块、实作模块、应知应会等学习模块构成。其中，构造部分包括铁路轨道构成与轨道几何尺寸、铁路道岔基本构成、温度应力式无缝线路原理与构造、铁路曲线平面构造与超高设置等内容；线路设备检查部分设置了静态检查、动态检查、道岔几何尺寸检查等内容；轨道铺设施工部分设置了有缝轨道铺设施工、无缝线路施工、单开道岔铺设施工等内容；轨道设备维修部分设置了铁路线路维修基础知识及基本技能，不同轨道类型的维修等内容。

（二）课程重难点

课程重点是轨道构造及轨道几何尺寸构造、道岔的构造及几何形位的基本知识，铁路轨道施工流程与工艺，铁路轨道维护的基本作业流程。

课程难点是铁路轨道检测、无缝轨道的原理及构造、轨道维护作业流程的基本知识和基本技能。

（三）课程职业性

本课程主要针对按中国铁路标准进行合作建设国际铁路建设、维护项目的轨道施工和维护方向技术员、施工员及线路工等主体岗位组织教学内容，兼顾中外铁路合作项目、合作交流的其他岗位的职业发展需要。

工程案例

中国至老挝铁路老挝段项目介绍

1. 工程概况

中老铁路老挝段北起老挝边境磨丁（Boten）向南经老挝北部的南塔省、乌多姆赛省、琅勃拉邦省、万象省后到达老挝人民民主共和国首都万象市（Vientiane），途经老挝孟塞、琅勃拉邦、万荣等主要城市。沿线共分布车站 32 个，初期开站 20 个，近期增开 12 个，设计速度 160 km/h，建设周期 5 年。该项目由中国和老挝共同批准建设，业主为老中铁路有限公司，中方企业负责工程建设。项目采用中国铁路 I 级标准，为客货共线的单线电气化铁路。中老铁路老挝段项目全长 414.332 km，其中桥隧总长 258.539 km，占线路总长的 62.40%。项目总投资约 374 亿元人民币。中老铁路老挝段北端将与中国境内的玉磨铁路对接，南端与泰国廊开至曼谷铁路相连。

2. 主要设计技术标准

铁路等级：I 级；

正线数目：单线；

速度目标值：160 km/h；

最小曲线半径：一般地段 2 000 m，困难地段 1 600 m；

最大坡度：12‰，磨丁至万荣加力坡 24‰；

牵引种类：电力；

机车类型：客机，HXD3D；货机，HXD2；

牵引质量：3 000 t；

到发线有效长度：650 m 预留 850 m；

闭塞类型：自动站间闭塞；

行车指挥方式：调度集中；

道床类型：有砟轨道，部分隧道线路铺设弹性支撑块式无砟轨道。

项目一 轨道基本构造

主要内容与学习目标

铁路轨道将路基、桥梁、隧道、涵洞等构筑物连接贯通成整体，成为列车运行的线路。认识和了解铁路轨道的构造组成和作用，对轨道工程的施工与维修有着重要意义。

铁路轨道是路基面以上的铁道线路部分，是一种专供机车车辆以一定速度行驶于其上的工程结构物。它引导机车车辆运行，承受着机车车辆的静荷载和动荷载，并将荷载向路基、桥梁等下部建筑传递。铁路轨道由钢轨及配件、轨枕及扣件、道床等主要部件和防爬设备等附属设备组成，如图 1.1 所示。

本项目主要介绍轨道的基本构造与作用。通过学习掌握轨道基本结构基础知识和基本技能。

（a）   （b）

图 1.1 轨道基本结构

理论模块

知识点一 钢轨构造

知识点二 钢轨接头构造

知识点三 轨枕构造

知识点四 扣件构造

知识点五 有砟道床构造

知识点六 无砟道床构造

知识点七 轨道几何尺寸构造

钢轨是铁路轨道中直接与列车轮对接触的部位，是轨道的最上部，是铁路轨道的主要组成部件。钢轨具有足够的强度和耐磨性，足够的硬度和一定的韧性，适当的弹性与足够的刚度和光滑的滚动表面。它能为车轮提供滚动表面，引导列车轮对的运行，承受及传递轮对的压力，同时是轨道电路的组成部分。

一、钢轨断面

钢轨断面形式为宽底式工字形断面，由轨头、轨腰和轨底三部分组成，如图 1.2 所示。

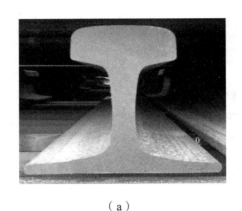

（a）　　　　　　　　　　　　　（b）

图 1.2　钢轨断面

二、钢轨类型及尺寸

（一）类　型

钢轨的类型以每米长度钢轨的质量（kg/m）来表示。目前，中国铁路的钢轨类型主要有 75 kg/m、60 kg/m、50 kg/m、43 kg/m 等。中国铁路钢轨标准规定，在钢轨轨腰部位采用轧制和热压印工艺标注生产厂家、钢轨类型、出厂日期、熔炼号、品级等信息。

（二）尺　寸

（1）60 kg/m、75 kg/m 钢轨的断面尺寸如图 1.3 所示。

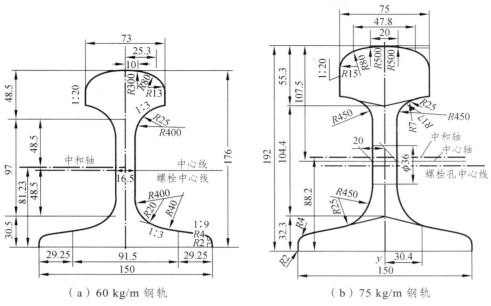

（a）60 kg/m 钢轨　　　　　　　（b）75 kg/m 钢轨

图 1.3　钢轨断面尺寸（单位：mm）

（2）中国标准钢轨各部分的尺寸及特征见表 1.1。

表 1.1　钢轨断面尺寸及特征值

项　　目		每米质量 /kg	断面面积 F /cm²	钢轨高度 H /mm	轨头宽度 b /mm	轨底宽度 B /mm	轨腰厚度 c /mm	螺栓孔直径 /mm
类型 /（kg/m）	75	74.4	95	192	75	150	20	31
	60	60.6	77.5	176	73		16.5	
	50	51.5	65.8	152	70	132		

（三）钢轨长度

中国铁路采用的钢轨定尺长 100 m、75 m、25 m、12.5 m。有缝线路通常选用 25 m 定尺长钢轨。无缝线路 60 km/kg 钢轨线路选用 100 m 定尺长无孔钢轨，75 km/kg 选用 75 m 或 100 m 定尺长钢轨。图 1.4 所示为标准有孔钢轨。

（四）异型钢轨

异型钢轨的同一根钢轨，两端差一个钢轨型号等级（例如：60 kg/m 与 50 kg/m），用于连接前后不同轨型的钢轨，如图 1.5 所示。

图 1.4　轨端有孔钢轨　　　　　　　　　　　图 1.5　异型钢轨

知识点二　钢轨接头构造

钢轨与钢轨连接处称为钢轨接头，用夹板和螺栓连接。钢轨接头处轮轨动力作用大，养护维修工作量大。钢轨接头是有缝轨道的明显特征，是有缝轨道结构的薄弱环节之一。

一、钢轨接头类型

（一）按其相互位置分类

（1）相对式接头［见图 1.6（a）］，可使左右钢轨受力均匀，有利于机械化铺轨和提高旅客舒适度，应用较多。

（2）相错式接头［见图 1.6（b）］，一般在困难条件下使用。

（a）对接　　　　　　　　　　　　（b）错接

图 1.6　接头相对形式

（二）按其对轨枕的位置分类

钢轨接头按其对轨枕的位置可分为悬空式和承垫式两种，如图 1.7 和图 1.8 所示。其中，悬空式接头便于维修和养护，应用较多；承垫式接头在增加线路强度时采用。

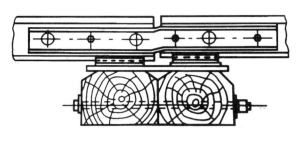

图 1.7　普通悬空式接头　　　　　　　图 1.8　承垫式异型接头

（三）按其用途和性能分类

钢轨接头按其用途和性能可分为普通接头和异型接头，如图 1.7 和图 1.8 所示。此外，钢轨接头还可分为绝缘接头、导电接头、伸缩接头、胶接绝缘接头等，如图 1.9～1.12 所示。其中，绝缘接头用于隔断自动闭塞分区信号电流，导电接头可作为轨道电路或牵引电流回路，伸缩接头在无缝线路轨端伸缩量较大时采用，胶接绝缘接头主要用于无缝线路。

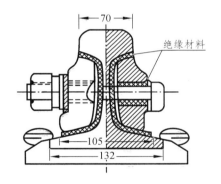

图 1.9　绝缘接头（单位：mm）

图 1.10　导电接头

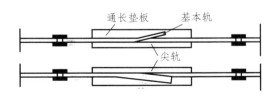

图 1.11　伸缩接头

图 1.12　胶接绝缘接头

二、钢轨接头组成

钢轨接头连接零件作用为连接两根定长的钢轨以保持连续的轨线，并传递和承受有关作用力和弯矩。

（一）夹　板

夹板是钢轨与钢轨之间的连接紧固配件，其作用为承受弯矩、传递纵向力、阻止钢轨伸缩，目前中国标准钢轨使用的夹板主要为双头式夹板，如图 1.13 和图 1.14 所示。

（a）　　　　　　　　　　　　　（b）

图 1.13　接头夹板

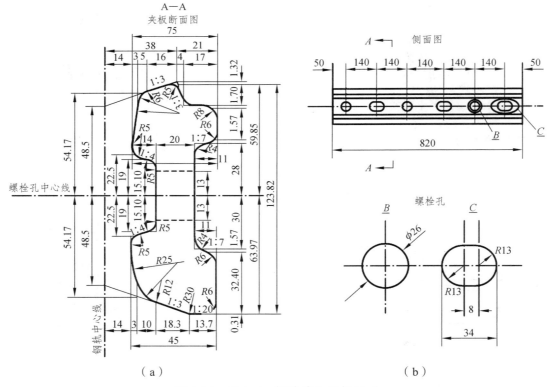

（a）　　　　　　　　　　　　（b）

图 1.14　60 kg/m 钢轨接头夹板尺寸

（二）接头螺栓、螺母及垫圈

接头螺栓、螺母是钢轨接头处用来夹紧夹板和钢轨的配件。螺栓和螺线强度等级应符合铁路轨道设计规范要求，接头螺栓拧紧扭矩标准必须符合铁路线路修理规则要求。

三、钢轨接头轨缝设置

普通线路钢轨接头预留轨缝的条件是当轨温降至最低时轨缝小于或等于构造轨缝，接头螺栓不会因受剪力而拉断、拉弯；当轨温升至最高时轨缝大于或等于零，轨端不会顶严而发生支嘴。

（一）预留轨缝计算

$$\delta_0 = \alpha L(T_z - T_0) + \frac{1}{2}\delta_g \tag{1.1}$$

式中　δ_0——预留轨缝（mm）；

　　　α——钢的线膨胀系数，取 0.011 8 mm/（m·℃）；

　　　L——钢轨长度（m）；

　　　T_z——当地中间轨温（℃），其计算公式为 $T_z = \frac{1}{2}(T_{max} + T_{min})$，其中 T_{max}、T_{min} 分别为当地历史最高和最低轨温（℃）；

　　　T_0——铺轨施工时的轨温（℃）；

　　　δ_g——构造轨缝，各型钢轨均采用 18 mm。

（二）轨缝预留规定

轨缝设置计算和维修的每千米总误差、相错量等指标必须符合铁路线路修理规则规定。

知识点三　轨枕构造

轨枕按照一定的密度横向铺设于钢轨轨底,用于支承钢轨和承受钢轨传来的各向压力,将压力传布于道床并保持钢轨的位置、轨距和方向。

一、木　枕

木枕也称枕木，是由木材制成的轨枕。由于环保及使用寿命等原因，铁路上的木枕逐步被混凝土枕代替。

二、混凝土枕

混凝土枕是使用钢筋混凝土制作的轨枕，具有尺寸统一、轨道弹性均匀、稳定性高、使用寿命长等特点。目前新建铁路均采用混凝土枕。

（一）普通混凝土枕

目前中国使用的混凝土轨枕有两大类型，与不同轨道类型配套使用，其名称与适用范围如表 1.2 所示。

表 1.2　普通混凝土枕的名称与适用范围

统一名称	长度/m	适用范围	简　称
S-2、J-2 型预应力混凝土枕	2.5	重、次重型轨道，最高行车速度 120 km/h 以下	Ⅱ 型
S-3 型预应力混凝土枕	2.5 或 2.6	特重型轨道，最高行车速度大于 120 km/h，分有挡肩和无挡肩两种（扣件不同）	Ⅲ 型

注：S——配筋采用高强度钢丝；

　　J——配筋采用高强度钢筋；

　　2、3——轨枕生产的先后顺序，又表示混凝土轨枕强度等级的发展。

普通混凝土轨枕截面均为上窄下宽的梯形，支承钢轨的部位称承轨台，台面设 1:40 的轨底坡。如图 1.15 和图 1.16 所示。

（a）

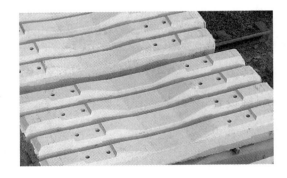

（b）

图 1.15　新 Ⅱ 型、Ⅲ 型混凝土枕

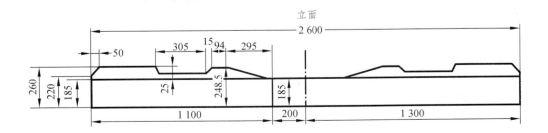

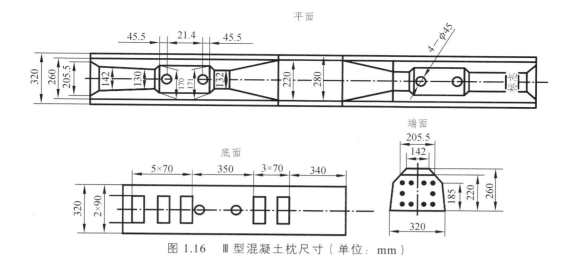

图 1.16 Ⅲ型混凝土枕尺寸（单位：mm）

（二）各种地段功能不同的轨枕

根据各种不同地段功能的需要，轨枕的类型有混凝土岔枕、混凝土桥枕、混凝土宽枕等，如图 1.17 ~ 1.19 所示。其中，混凝土岔枕主要用道岔地段；混凝土宽枕具有轨道平顺性、稳定性好，外观整洁美观等优点，主要用于大型客货站场、长大隧道和行车密度大的线路。其他新型混凝土枕有弹性轨枕、梯子式轨枕、框架式轨枕、双块式轨枕等。

图 1.17 混凝土岔枕

图 1.18 混凝土桥枕

（a）

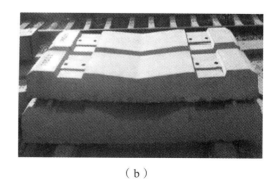

（b）

图 1.19 混凝土宽枕

三、轨枕使用标准

每千米最少铺设轨枕根数根据铁路线路速度等级、轨道结构、特殊结构要求等参数选取并符合设计标准要求。轨枕的间距参照表 1.3。

表 1.3　轨道轨枕间距

轨　型	有缝线路钢轨长度/m	每千米配置根数	有缝线路每节钢轨配置根数	有缝线路混凝土枕间隔/mm			无缝线路轨枕间距/mm
				c	b	a	
75 kg/m 60 kg/m 50 kg/m	25.0	1 600	40	540	579	630	—
		1 667	—	—	—	—	600
		1 680	42	540	573	598	—
		1 760	44	540	549	570	568.2
		1 840	46	540	538	544	543.5
		1 920	48	—	—	—	520.8

知识点四　扣件构造

扣件是用来连接钢轨与轨枕的，因此要求扣件具有足够的扣压力、适当的弹性、一定的轨距和水平调整量，并具有绝缘性能。目前，普速铁路混凝土枕使用的普通主型扣件为弹条Ⅱ型、Ⅲ型扣件，适合高速铁路（客运专线）使用的扣件有弹条Ⅳ型、弹条Ⅴ型、WJ-7型、WJ-8型、300型等型号扣件，此外还有许多扣件在研发中。

一、普通铁路主要扣件类型

（一）弹条Ⅱ型扣件构造

弹条Ⅱ型扣件为带挡肩、有螺栓扣件，轨距的调整仍用轨距挡板和挡板座的不同号码相互调配，具有扣压力大、强度安全储备大、残余变形小等优点，适用于Ⅱ或Ⅲ型混凝土枕 60 kg/m 钢轨线路，如图 1.20 和图 1.21 所示。

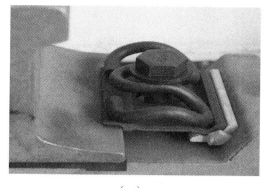

（a）   （b）

图 1.20　弹条Ⅱ型扣件

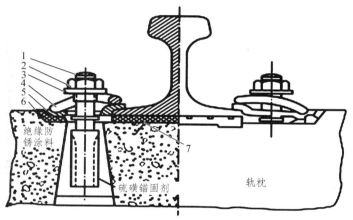

1—螺纹道钉；2—螺母；3—平垫圈；4—弹条；5—轨距挡板；6—挡板座；7—橡胶垫板。

图 1.21　弹条Ⅱ型扣件

（二）弹条Ⅲ型扣件构造

弹条Ⅲ型扣件是无螺栓无挡肩扣件，如图 1.22 所示。该型扣件取消了螺栓联结的方式，大大减少了扣件养护的工作量，具有扣压力大、弹性好等优点。弹条Ⅲ型扣件适用于标准轨距铁路直线轨道或半径 $R \geqslant 350$ m 的曲线轨道以及铺设Ⅲ型无挡肩混凝土枕 60 kg/m 钢轨的无缝线路轨道。

二、高速铁路主要扣件类型

高速铁路主要采用 WJ-7 型和 WJ-8 型扣件，根据轨枕类型、线路最高速度又分为 WJ-7A 型和 WJ-7B 型、WJ-8A 型和 WJ-8B 型，如图 1.23、图 1.24 所示。其中，WJ-7A 型用于 $V_{max} \leqslant 250$ km/h，WJ-7B 型用于 $V_{max} \leqslant 350$ km/h 的无砟轨道无挡肩混凝土轨枕；WJ-8A 型扣件用于 $V_{max} \leqslant 250$ km/h，WJ-8B 型用于 $V_{max} \leqslant 350$ km/h 的无砟轨道有挡肩混凝土轨枕。

（a）

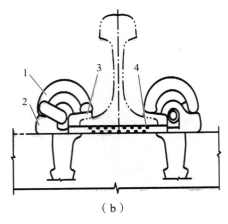
（b）

1—弹条；2—预埋铁座；3—绝缘轨距块；4—橡胶垫板。

图 1.22　弹条Ⅲ型扣件

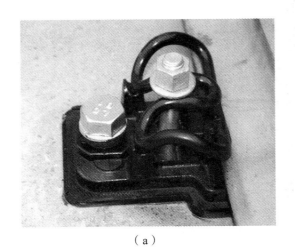
（a）

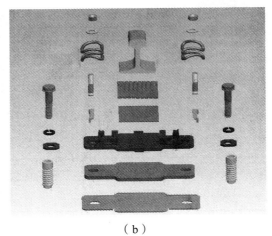
（b）

图 1.23　WJ-7 型扣件

（a）

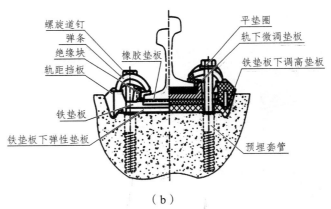
（b）

图 1.24　WJ-8 型扣件

知识点五　有砟道床构造

　　道床是轨道的最下层，是指铺设在铁路路基面之上的道砟层或混凝土层以及其他轨道构造层，是轨道框架的基础，是轨枕的直接基础。

　　根据道床的材料构成，铁路轨道可分为有砟轨道和无砟轨道结构两大类，如图1.25、图1.26所示。

图 1.25　有砟轨道

图 1.26　无砟轨道

一、有砟道床的功能及构成

　　有砟道床是指铁路轨道上用道砟铺设的道床，其作用为直接承受、缓冲、扩散、均匀轨枕传来的轨道动静荷载；阻止轨道框架的纵横向位移，保持轨道稳定；调整轨道几何形位及排水作用，为轨道提供弹性和缓冲性能。这要求道床有足够的强度，具有良好级配，抗冲击性、抗风化性、排水性好。

　　道砟选用应符合有关现行标准的规定。高速铁路、重载铁路采用特级道砟，其他铁路采用一级道砟，如图1.27、图1.28所示。

图 1.27　正线一级道砟

图 1.28　站线一级道砟

二、有砟道床断面参数

道床断面包括厚度、边坡坡度及道床顶面宽度 3 个主要参数。直线地段混凝土轨枕线路的道床断面如图 1.29 所示。

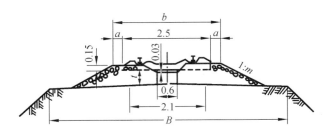

图 1.29　直线地段混凝土轨枕线路的道床断面（单位：m）

（一）道床厚度

道床厚度是指直线上钢轨或曲线上内股钢轨中轴线下轨枕底面至路基顶面的距离。

（二）道床边坡坡度

道床边坡是指自道床顶面引向路基顶面的斜边。例如：正线（轻型轨道除外）道床边坡坡度为 1∶1.75，站线及正线轻型轨道道床边坡坡度为 1∶1.5，如图 1.30、图 1.31 所示。

图 1.30　正线道床边坡

图 1.31　站线道床边坡

（三）道床顶面宽度

道床宽出轨枕两端的部分称为砟肩，其宽度称为道床肩宽，如图 1.32、图 1.33 所示。

Ⅱ、Ⅲ型混凝土枕地段的道床顶面应与轨枕中部顶面平齐，其他类型混凝土枕地段的道床顶面应低于轨枕承轨面 30 mm，高速铁路应低于 40 mm 并不高于轨枕中部顶面。

图 1.32　双线道床顶面宽度　　　　　图 1.33　单线道床顶面宽度

知识点六　无砟道床构造

无砟轨道具有线路平顺性好，可显著减少维修工作量，建筑高度低，可改善隧道通风条件，旅客乘坐舒适性好等优点；同时具有初期投资较大，轨道弹性差，轮轨产生的辐射噪声相对较大，施工精度要求高，对基础要求严格，修复和整治难度大等缺点。无砟轨道适用于高速、重载铁路。

一、板式无砟道床的构造

板式无砟轨道结构已成为高速铁路的主流轨道结构模式，也是城市轨道交通青睐的轨道形式之一。轨道板质量稳定、精度可控、稳定维修量少，能适应各种构筑物。但制造工艺复杂，铺设要求非常高，初期建设成本高于有砟轨道，病害处理难度较大。

中国目前采用的板式无砟轨道有 CRTS Ⅰ、CRTS Ⅱ、CRTS Ⅲ 型板式以及道岔板式无砟轨道，其中 CRTS Ⅲ 型轨道板技术是中国具有完全知识产权的板式无砟轨道成套技术，如图 1.34 所示。下面以 CRTS Ⅲ 型为例介绍无砟道床。

（a）　　　　　　　　　　（b）　　　　　　　　　　（c）

图 1.34　CRTS Ⅰ、Ⅱ、Ⅲ 型板式无砟道床

CRTS Ⅲ 板式无砟轨道由轨道板、填充层、中间隔离层、底座组成，轨道板间无连接，如图 1.35 所示。

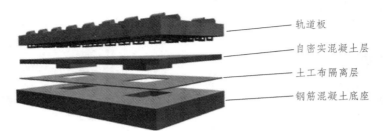

图 1.35　CRTS Ⅲ 型板式无砟道床构造

（一）混凝土底座

混凝土底座作为轨道板的基础，分段设置，厚度一般为 300 mm，由钢筋混凝土构成，曲线地段利用底座设置曲线超高，如图 1.36 所示。

（二）隔离层及弹性缓冲垫层

中间隔离层应采用 700 g/m²，厚 4 mm，宽 2 600 mm 的土工布。弹性缓冲层采用海绵胶粘贴在凹槽四周，隔离层与弹性垫层接缝用塑料胶带密封，弹性垫层顶面与底座板顶面齐平，如图 1.37 所示。

（三）自密实混凝土层

自密实混凝土是由水泥、粉煤灰、细骨料、粗骨料、外加剂、膨胀剂和水等经配制而成，强度等级为 C40。厚度 100 mm 自密实混凝土填充层内，配置钢筋网片，以便与带有 U 形筋的轨道板紧密联结，同时可控制自密实混凝土裂缝的生成与扩展。如图 1.38 所示。

图 1.36　混凝土底座　　　图 1.37　土工布隔离层　　　图 1.38　自密实混凝土钢筋网

（四）轨道板

（1）轨道板为有挡肩、双向后张法预应力钢筋混凝土结构，混凝土强度等级 C60，一般尺寸为 5 350 mm × 2 500 mm × 2 100 mm（长 × 宽 × 厚）。轨道板尺寸可调配设计。

（2）板与板之间连接有两种方式，一种为板间用预应力钢棒或普通锁扣连接，支承在素混凝土支承层上；另一种轨道板为单元板，板间无连接，支承在钢筋混凝土底座上，根据不同地段和线路选用。

二、埋入式无砟道床构造

埋入式无砟轨道包括轨枕埋入式轨道、CRTS 双块埋入式轨道、弹性支承块式无砟道床等类型。本节主要介绍轨枕埋入式轨道和 CRTS 双块埋入式轨道。

（一）轨枕埋入式无砟道床

轨枕埋入式无砟道床由轨枕（长枕）、混凝土道床板、隔离或弹性隔离层及混凝土底座等组成，主要适用于道岔、桥梁、隧道等地段。如图 1.39 所示。

（a）　　　　　　　　　　　　　（b）

图 1.39　长枕埋入式无砟道岔轨道

（二）双块式无砟轨道

CRTS 双块式无砟道床由双块式轨枕、混凝土道床板（以下简称道床板）、隔离层及支承层或混凝土底座等部分组成。如图 1.40 所示。

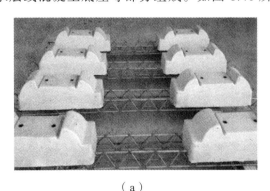

（a）　　　　　　　　　　　　　（b）

图 1.40　双块式无砟轨道

双块式无砟轨道包括 CRTS Ⅰ 型和 CRTS Ⅱ 型双块式无砟轨道。两者区别在于施工工艺上，CRTS Ⅰ 型双块式无砟轨道以现浇混凝土的方式将轨枕埋入道床板中；CRTS Ⅱ 型双块式无砟轨道以机械振动方式将轨排压入混凝土中。两者统称为双块式无砟轨道结构。

知识点七　轨道几何尺寸构造

　　轨道几何尺寸就是指线路和道岔的几何形状、相对位置和基本尺寸。轨道几何尺寸的正确与否，对机车车辆的安全运行、乘客的舒适度及设备的使用寿命和养护维修等起着决定性的作用。本节介绍轨距、水平、轨向、高低、轨底坡等轨道几何尺寸的主要指标。

一、轨　距

（一）定　义

　　轨距是钢轨头部踏面下 16 mm 范围内两股钢轨工作边之间的最小距离。中国铁路直线轨距标准为 1 435 mm。如图 1.41 所示。

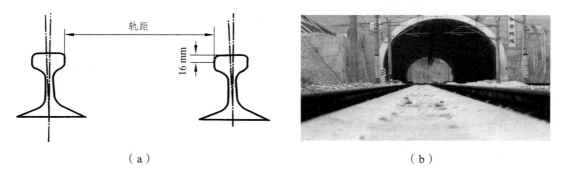

（a）　　　　　　　　　　　　　　　　　（b）

图 1.41　轨距示意图

（二）类　型

　　目前，世界上采用的轨距分为标准轨距（1 435 mm）、宽轨距（大于 1 435 mm）和窄轨距（小于 1 435 mm）。

（三）量测与偏差

　　（1）测量工具：道尺（也叫轨距尺）或轨检小车。用道尺量轨距如图 1.42 所示，用轨检小车量轨距如图 1.43 所示。

图 1.42 道尺量轨距

图 1.43 轨检小车量轨距

（2）日常检查点：通常每 6.25 m 检查 1 处。

（3）偏差管理：部分时速轨距的容许偏差见表 1.4。

（4）变化率：在正线、到发线上不得大于 2‰（规定递减部分除外），允许速度大于 120 km/h 的线路不得大于 1‰，允许速度大于 200 km/h 的线路不得大于 1/1 500，轨距变化应和缓平顺。

表 1.4 200～250 km/h 线路轨道静态几何尺寸容许偏差管理值

项 目	轨距 /mm		水平 /mm	高低 /mm	轨向（直线） /mm	扭曲 /（mm/3 m）	轨距变化率
偏差值	1	−1	2	2	2	2	1/1 500

二、水 平

（一）定 义

水平是指铁路线路上左右两股钢轨顶面的相对高差，如图 1.44 所示。

图 1.44 轨道水平

直线地段两股钢轨顶面应水平，使两股钢轨受力均匀，保持列车平稳运行。为确保行车平稳与安全，两股钢轨顶面的水平误差应控制在一定范围内。曲线地段外轨应按照规范设置超高。

（二）类型与危害分析

1. 水平差

在一段较长的距离内，钢轨水平差超过容许限值，会引起车辆摇晃和两股钢轨的不均匀受力，并导致钢轨不均匀磨耗。

2. 三角坑

两股钢轨如果不在同一水平面上，先是右股高出左股 h_1，然后左股又高出右股 h_2（见图 1.45），正线上 $h_1 + h_2$ 大于表列水平差允许值，且水平差最大两点间距 L 不大于 18 m 而形成的病害，称为三角坑。

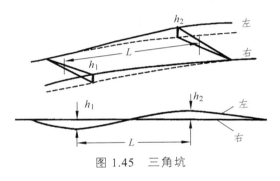

图 1.45　三角坑

在一般情况下，在延长不足 18 m 的距离内出现水平差超过允许值的三角坑，将使同一转向架的四个车轮中，只有三个正常压紧钢轨，另一个形成减载或悬空。如果恰好在该车轮上出现较大的横向力，并出现最不利荷载的组合情况，该车轮甚至可能爬上钢轨，引起脱轨等行车事故。因此，三角坑（扭曲）一旦超过容许值就必须立即消除。

（三）量　测

（1）测量工具：用道尺或其他工具测量（与轨距检查共用）。

（2）日常检查点：通常 6.25 m 检查 1 处；检查三角坑（扭曲）时基长，采用轨道检查仪时为 3 m。

（3）偏差管理：顺里程方向以左股为标准股，左股水平比右股高时，记录为"＋"，反之记录为"－"。曲线以下股（曲线内轨）为标准股，曲线上股（曲线外轨）水平比曲线超高值高时，记录为"＋"，反之记录为"－"。两股钢轨顶面水平、部分时速三角坑（扭曲）的容许偏差见表 1.4。

（4）变化率：沿线路方向的水平变化率不得超过 1‰，否则即使两股钢轨的水平偏差不超过允许范围，也将引起机车车辆的剧烈摇晃。

三、轨　向

（一）定　义

轨向，也称方向，是指轨道中心线在水平面上的平顺性。

直线轨道顺直，曲线轨道圆顺，铁路行车才能安全与平稳。但实践中运营铁路的既有"直线"轨道一般并非严格意义上的直线，而是由许多曲度很小的波长为 0～20 m 的不易察觉的曲线组成。

（二）危害分析

轨向往往是行车平稳性的控制性因素；直线不顺直，必然会引起列车的摇晃和蛇行运动，特别是在行车速度高的线路上，轨向对行车平稳性更有着重要的影响。

无缝线路若轨向不良，就可能在高温季节引发胀轨跑道事故，严重威胁行车安全。

（三）量测与偏差

1. 测量方法及要求

（1）目测结合弦线测量：局部测量时，检查者首先跨站一股钢轨或站在一股钢轨的里侧，目视前方，找出方向不良的位置。在该处拉 10 m 弦线，在钢轨顶面以下 16 mm 处测量轨头内侧与弦线间的最大矢度，即为该处方向偏差。轨向偏向轨道外侧时计为"＋"，偏向道心时计为"－"。如图 1.46 所示。

（a）

（b）

（c）

图 1.46　目测结合弦线测量轨向

（2）仪器测量：长距离检查轨向时，动态用高铁检查车，静态用高铁精测系统，CPⅢ坐标系统测量轨向相对位置。如图 1.47、图 1.48 所示。

图 1.47　高铁检查车动态检查轨向

图 1.48　高铁精测系统测轨向

2. 测量偏差分析

部分时速线路轨向的容许偏差见表 1.4。

四、轨道高低

（一）定　义

轨道的前后高低是指一股钢轨顶面纵向的高低差，反映钢轨顶面的纵向平顺情况，简称高低，如图 1.49 所示。

（a）

（b）

图 1.49　轨道高低

（二）轨道高低超限产生原因及危害分析

1. 原　因

运营中的铁路由于路基、道床病害、轨道零件磨耗与伤损等病害导致轨面会出现高低不平。

2. 危害分析

列车通过钢轨顶面高低不平顺地段时，列车振动加剧，对轨面的冲击动力就会增加，使轨道高低不平顺加剧，病害越来越严重，同时严重影响旅客舒适度，对行车安全极为不利。

（三）量测方法及要求

（1）目测结合弦线：短距离先俯身目视钢轨下颚线的高低平顺情况，找出高低不良处；前后高低目视平顺，用 10 m 弦线在钢轨顶面中部测量最大矢度，即为该处一高低差。如图 1.50 所示。

（2）仪器测量：长距离检查同轨向测量。

（a）   （b）   （c）

图 1.50　目测结合弦线测量轨道高低

（3）测量偏差：部分时速线路高低的容许偏差见表 1.4。

五、轨底坡

（一）定　义

钢轨向轨道中心的倾斜度称为轨底坡。车轮踏面主要为 1：20 的圆锥面，为保持轮轨接触点在钢轨的中心线使钢轨头部的磨损均匀，中国铁路规定钢轨轨底坡为 1：40 向道心倾斜，使轮轨作用状态趋于良好，如图 1.51 所示。

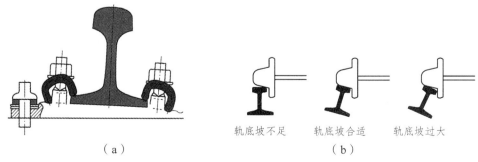

（a）

轨底坡不足　　轨底坡合适　　轨底坡过大

（b）

图 1.51　轨底坡

（二）测量方法和要求

在任何情况下，轨底坡不应大于 1∶20 或小于 1∶60，否则都会使轨头偏磨，因此应及时进行调整。轨底坡是否正确，可以从钢轨顶面的光带位置来判断也可以通过仪器测量。光带居中，则轨底坡合适；光带偏向内侧，则轨底坡不足；光带偏向外侧，则轨底坡过大。轨底坡测量方法如图 1.52 所示。

（a） （b）

图 1.52 轨底坡目测和仪器测量

拓展模块

轨道基本结构拓展模块主要对钢轨接头轨缝设置规定、CRTS Ⅰ型和Ⅱ型板式无砟轨道结构、中国高铁扣件系统进行了介绍。

拓展模块一 轨道基本结构

实作模块

实训一 轨缝设置及调整

根据调查及现场轨温资料进行轨缝计算并重新铺设调整轨缝。

实训二 接头配件、中间扣件拆装

进行接头拆卸、安装练习，扣件拆卸、安装练习，熟悉轨道基本构造。

实训三 无砟轨道的识图综合训练

实训指导书一

掌握板式、轨枕埋入式无砟道床的组成。要求利用无砟轨道结构图现场图物结合识别无砟道床类型及结构组成，结合无砟轨道施工工艺图还原描述施工工艺并量测轨道板部分尺寸。

实训四 轨距、水平测量

掌握轨距、水平测量方法。能对直线轨道的轨距和水平进行检查。

实训五 轨向、高低测量

掌握轨向、高低测量方法。能对直线轨道进行轨向、高低测量。

1. 铁路轨道由哪些部分组成？

2. 绘制示意图说明 60 kg/m 钢轨的轨头顶宽（b）、轨腰厚（c）、轨身高（H）及轨底宽（B）。

3. 绘制 60 kg/m 钢轨断面图并标注有关尺寸。

4. 钢轨接头由哪些配件组成？试分类说说它们的结构形式。

5. 预留轨缝要考虑什么条件？某地区最高轨温为 60 °C，最低轨温为 –10 °C，铺设 60 kg/m 钢轨标准轨，若施工时轨温为 28 °C，试确定预留轨缝的大小。

6. 现有 3 km 的正线 60 kg/m 钢轨有缝轨道线路，铺设Ⅲ型混凝土枕，铺设密度标准分别为 1 667 根/km，采用弹条Ⅱ型扣件，请编制该线路轨道所需材料清单。

7. 绘图说明有砟道床断面的顶面宽度、边坡坡度及厚度 3 个主要参数。

8. 轨枕埋入道床的深度有什么规定？

9. 简述板式无砟道床的构造并绘制简图说明。

10. 简述轨枕埋入式无砟道床的构造并绘制简图说明。

项目二　道岔构造

主要内容与学习目标

　　道岔是把两条或两条以上的轨道在平面上进行连接或交叉的设备，通过道岔设备可以把许多股道连接组合成不同形式的车站或车场，如图 2.1 所示。道岔具有构造复杂、限制列车速度、行车安全性低、养护维修投入大等特点，是铁路轨道的三大薄弱环节之一。

　　本项目主要讲述单开道岔与提速道岔的构造，掌握道岔的基本类型构成与作用。

（a）　　　　　　　　　　　　　　　　　　（b）

图 2.1　不同车站道岔区

理论模块

　　知识点一　道岔构造概述

　　知识点二　单开道岔构造

　　知识点三　提速道岔构造

知识点一　道岔构造概述

　　根据用途和构造形式，道岔可分为连接设备（主要有普通单开道岔和对称双开道岔）、交叉设备（主要有菱形交叉）、连接与交叉设备（主要有渡线道岔和复式交分道岔），如图 2.2 所示。

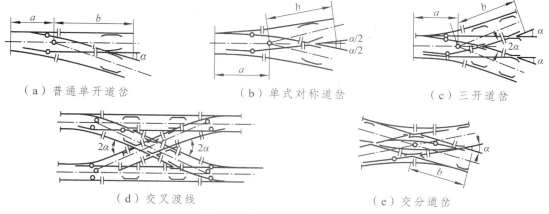

（a）普通单开道岔　　　　　　（b）单式对称道岔　　　　　　（c）三开道岔

（d）交叉渡线　　　　　　　　　（e）交分道岔

图 2.2　各种道岔的图式

　　普通单开道岔又称单开道岔，是以直线为主线、侧线向主线的左侧或右侧分支的道岔，如图 2.3 所示。

　　对称道岔是把直线轨道分为左右对称的多条轨道的道岔，一般有双开、三开对称道岔，如图 2.4、图 2.5 所示。

图 2.3　单开道岔　　　　　图 2.4　双开对称道岔　　　　图 2.5　三开对称道岔

　　菱形交叉道岔是两条轨道在同一平面相交成菱形的交叉，如图 2.6 所示。

　　渡线是连接两条平行股道的轨道设备，可分为单渡线和交叉渡线，如图 2.7 所示。

图 2.6　菱形交叉道岔　　　　　　　　图 2.7　交叉渡线

复式交分道岔是在菱形交叉的基础上，增设两组双转辙器和两个方向不同的侧线，让机车车辆既可以沿交叉轨道直向运行，又可以沿曲线转入侧线的道岔，如图 2.8 所示。

　　组合道岔就是多种道岔形式组合在一起的道岔，如交分渡线道岔、菱形复式交分道岔等，如图 2.9 所示。

图 2.8　复式交分道岔

图 2.9　交分渡线组合道岔

知识点二　单开道岔构造

一、单开道岔的组成

　　普通单开道岔主要由转辙器、连接部分、辙叉及护轨等组成，如图 2.10 所示。

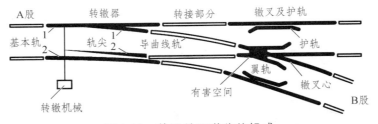

图 2.10　普通单开道岔的组成

二、单开道岔的转辙器部分构造

　　转辙器是引导列车进入道岔不同方向的设备，由基本轨、尖轨、联结零件（有拉杆、连接杆、顶铁、滑床板、轨撑等）、跟端结构、辙前垫板、辙后垫板及转辙机械等组成，如图 2.11 所示。转辙器的作用是将尖轨扳动到不同的位置，使列车沿直线或侧线行驶。

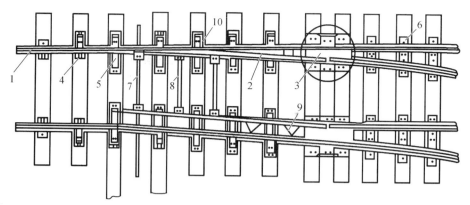

1—基本轨；2—尖轨；3—跟端结构；4—辙前垫板；5—滑床板；6—辙后垫板；
7—拉杆；8—连接杆；9—顶铁；10—轨撑。

图 2.11　转辙器

（一）基本轨

基本轨由标准断面的钢轨制成，直线方向的为直基本轨，侧线方向的为曲基本轨。基本轨承受车轮的垂直压力，与尖轨共同承受车轮的横向水平推力，保持尖轨位置的稳定。如图 2.12 所示。

图 2.12　基本轨

（二）尖　轨

尖轨用与基本轨同类型的标准断面钢轨或特种断面钢轨刨制而成，如图 2.13 所示。尖轨依靠其被刨尖的一端与基本轨紧密贴靠，以引导车轮的运行方向，进入直股或侧股线路，如图 2.14、图 2.15 所示。

图 2.13 尖轨

图 2.14 尖轨与基本轨分离

图 2.15 尖轨与基本轨密贴

1. 尖轨平面形状

尖轨平面形状按工作边线型可分为直线尖轨和曲线尖轨，如图 2.16、图 2.17 所示。

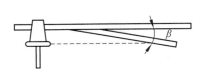

图 2.16 直线尖轨

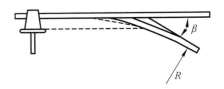

图 2.17 曲线尖轨

2. 转辙角

直线尖轨转辙角：直线尖轨工作边与基本轨工作边所成的夹角β（见图 2.16），与车轮轮缘冲击尖轨工作边的冲击角相等。冲击角大小决定了列车进入侧线时的摇晃程度和侧向过岔的速度。

3. 尖轨断面形状

（1）普通断面尖轨：采用普通断面钢轨制作的尖轨。尖轨整断面轨顶比基本轨轨顶高6 mm，易造成列车过岔的垂直不平顺。如图 2.18 所示。

（2）矮型特种断面尖轨（简称 AT 尖轨）：用较同型基本轨高度低的特种断面钢轨制成。尖轨尖端藏于基本轨的轨距线之下，取消了普通尖轨 6 mm 抬高量，消除了列车过岔的垂直不平顺，可提高道岔直股过岔速度。如图 2.19、图 2.20 所示。

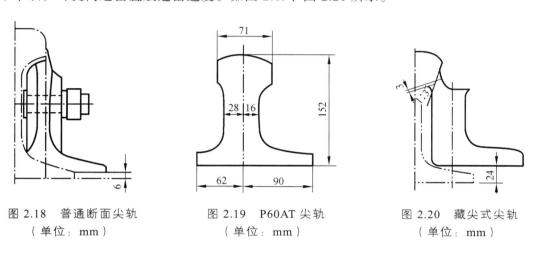

图 2.18　普通断面尖轨　　　　图 2.19　P60AT 尖轨　　　　图 2.20　藏尖式尖轨
　　（单位：mm）　　　　　　　（单位：mm）　　　　　　　（单位：mm）

4. 尖轨顶面纵坡

尖轨应具有足够承受车轮压力的强度，普通断面尖轨和 AT 尖轨顶面纵坡、平面尺寸如图 2.21 所示。

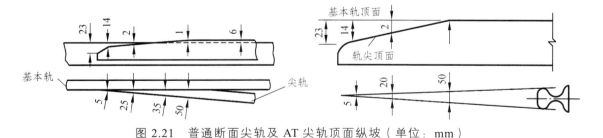

图 2.21　普通断面尖轨及 AT 尖轨顶面纵坡（单位：mm）

5. 尖轨跟端结构

尖轨跟端结构分为夹板间隔铁式和弹性可弯式，是转辙器中的一个重要连接点。保证尖轨扳动时摆动灵活，保证与基本轨的连接牢固可靠，在列车通过时稳定而无变位和跳动。

（1）夹板间隔铁式（活接头式）：夹板间隔铁式跟端结构用于直线型尖轨道岔中，由间隔铁、弯折夹板、双头螺栓和辙跟外、内轨撑等组成，如图 2.22 所示。

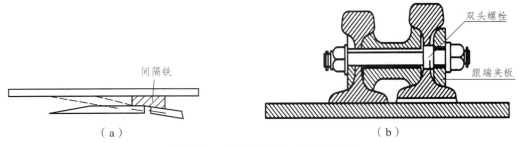

图 2.22　夹板间隔铁式跟端结构

（2）弹性可弯式：弹性可弯式跟端结构用于 AT 弹性可弯尖轨道岔中，结构简单、坚固，易于保养。如图 2.23 所示。

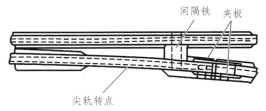

图 2.23　弹性可弯式跟端结构

（三）其他主要零件

1. 拉　杆

连接两尖轨的第一根连接杆，是尖轨与转辙设备相连的杆件，与转辙机械相连，实现尖轨位置的扳动转换（又叫转辙杆），如图 2.24（a）所示。

2. 连接杆

转辙器中连接两根尖轨的其他杆件，连接两根尖轨成一个框架结构共同摆动，提高尖轨的稳定性，如图 2.24（b）所示。当道岔转换设备采用分动外锁闭装置时，两尖轨之间不设连接杆。

图 2.24　道岔的拉杆及连接杆

3. 顶铁和轨撑

（1）顶铁：位于尖轨轨腰上，保持尖轨轨距，并防止尖轨横向受力弯曲，如图 2.25（a）所示。

（2）轨撑：位于在基本轨外侧，增强横向稳定性，防止基本轨倾覆、扭转和纵横向移动，如图 2.25（b）所示。

（a）   （b）

图 2.25　顶铁和轨撑

轨撑可分为双墙式轨撑（见图 2.25）和可调式轨撑（见图 2.26）。

图 2.26　可调试轨撑

4. 滑床板

尖轨范围内的岔枕面上承垫基本轨并供尖轨滑动，或承垫翼轨并供可动心轨滑动的垫板，如图 2.27 所示。

图 2.27　滑床板

5. 特殊垫板

（1）轨撑垫板：在尖轨尖端前面的一段基本轨下用。此外，在导曲线部分也铺设这种垫板。如图 2.28 所示。

（2）支距垫板：普通断面尖轨道岔尖轨跟端接头后连续三块垫板，可保持尖轨跟后导曲线支距的准确，如图 2.29 所示。

（3）平垫板：铺设在转辙器最前面的两块垫板，道岔的连接部分以及直、侧线的钢轨末端也铺设，平面形状与普通木枕垫板相同，但没有轨底坡，因此称平垫板。

图 2.28　轨撑垫板

图 2.29　支距垫板

6. 转辙机械

转辙机械的作用为扳动尖轨或可动心轨到不同位置，锁闭道岔使尖轨密贴基本轨或可动心轨翼轨，显示信号，准备进路。如图 2.30 所示。

（a）   （b）

图 2.30　转辙机械

三、辙叉及护轨构造

单开道岔辙叉及护轨包括辙叉、护轨、基本轨及其他连接零件，如图 2.31 所示。

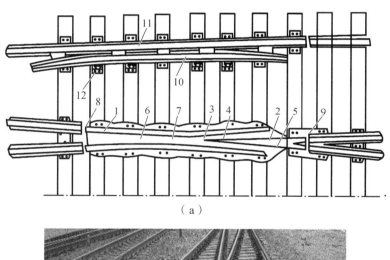

（a）

（b）

1—翼轨；2—心轨；3—理论尖端；4—实际尖端；5—辙叉角；6—咽喉；7—有害空间；
8—辙叉趾端；9—辙叉跟端；10—护轨；11—主轨；12—护轨垫板。

图 2.31　辙叉及护轨

（一）辙叉构造组成及作用

1. 辙　叉

辙叉是道岔中两股线路相交处的设备，由翼轨和心轨（叉心）组成，可确保列车跨越线路时按确定的行驶方向正常通过道岔，如图 2.32 所示。

图 2.32　辙叉

2. 辙叉号数

道岔辙叉号数 N 用辙叉角 α 的余切表示。辙叉角越大，道岔号数越小。

（1）直线辙叉（见图 2.33），$N = \cot\alpha = \dfrac{AC}{BC}$。

（2）曲线辙叉（见图 2.34），$N = \cot\alpha = \dfrac{BD}{BC}$。

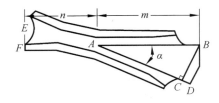

图 2.33　直线辙叉

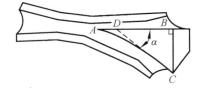

图 2.34　曲线辙叉

中国常用的道岔号数为 7、9、12 号及高铁上使用的 18、30、42、62 号。

3. 辙叉类型

辙叉按翼轨与心轨的固定关系可分为固定式和可动心轨式，按平面形状可分为直线式和曲线式。

（1）高锰钢整铸式固定辙叉。

用高锰合金钢把翼轨和心轨铸成一个整体，不但无间隔铁、螺栓等零件，使用寿命长，而且零件少、结构坚固，能经常保持轮缘槽及各部控制尺寸的正确。可动心轨式辙叉在提速道岔中介绍。

（2）曲线型辙叉。

辙叉一股轨线为直线（直向），另一股轨线为曲线（侧向）或两股轨线皆为曲线，可缩短道岔长度或加大导曲线半径，以提高侧向通过速度。

4. 辙叉纵断面

为了防止心轨在其前端断面过分削弱部分承受车轮荷载及车轮撞击心轨尖端，采用了提高翼轨顶面和降低心轨前端顶面的做法，使翼轨和心轨顶面之间保持必要的相对高差。固定辙叉纵断面如图 2.35 所示。

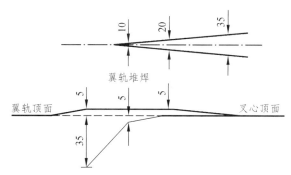

图 2.35　固定辙叉纵断面（单位：mm）

（二）护轨的构造与作用

护轨设置在固定型辙叉两侧，由平直段、两侧缓冲段和两端开口段组成，控制车轮通过"有害空间"的运行方向，不错入轮缘槽，也防止轮缘冲击或爬上辙叉心轨尖端。如图 2.36 所示。

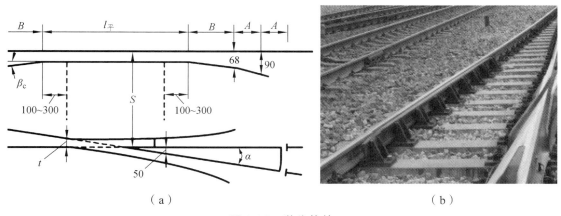

（a）　　　　　　　　　　　　　　　　　（b）

图 2.36　道岔护轨

护轨主要有钢轨间隔铁型、H 型两种。

（1）钢轨间隔铁型护轨结构：护轨内侧设轨撑以保持护轨的位置，用间隔铁保持轮缘槽宽度，如图 2.37 所示。

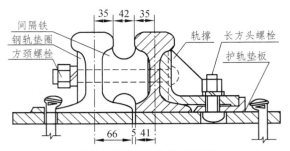

图 2.37 钢轨间隔铁型护轨（单位：mm）

（2）H 型护轨结构：由 H 型护轨、护轨垫板、调整片和连接螺栓组成，如图 2.38 所示。

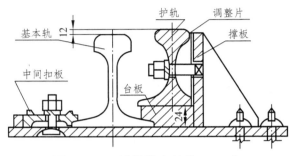

图 2.38 H 型护轨（单位：mm）

四、单开道岔连接部分及岔枕的构造

单开道岔连接部分是转辙器和辙叉之间的连接线路，包括直股连接线和曲股连接线（也称为导曲线），如图 2.39 所示。

图 2.39 单开道岔连接部分

（一）导曲线平面

导曲线线形一般采用圆曲线，大号码道岔可采用缓和曲线。道岔号数越大，导曲线半径越大，列车侧向通过道岔速度也越高，同时道岔长度也相应加长。常用道岔导曲线半径见表 2.1。

表 2.1　常用道岔导曲线半径

道岔号数 N	9	12		18	30
导曲线半径 R/m	180	330	AT 尖轨 350	880	2 700

（二）导曲线构造

（1）起终点：各种类型道岔起终点不一样，根据道岔铺设图纸确定。

（2）位置和圆顺度：除铺设支距垫板和平垫板外，在导曲线钢轨内外侧还设置一定数量的轨撑。

（3）超高：由于长度和限界的限制，一般不设超高和轨底坡。在 AT 型尖轨道岔中，导曲线外轨设置有 6 mm 超高。

（三）岔　枕

岔枕有木岔枕、混凝土岔枕和钢岔枕等类型。

1. 木岔枕

木岔枕存在使用寿命短、稳定性差、耗用大量优质木材等缺点，目前使用范围已经很小，并在逐步被混凝土岔枕代替。

2. 混凝土岔枕

混凝土岔枕质量大，不但保证了道岔基础与轨道基础的一致性，而且基本上克服了木岔枕的缺点，如图 2.40 所示。以常用的 60 kg/m、12 号单开道岔为例，长度为 240 ~ 490 cm，共分 26 级，每级长度差为 10 cm。

图 2.40　混凝土岔枕

知识点三　提速道岔构造

提速道岔于 1996 年开始研制并迅速大量铺设，目前已成为铁路正线上的主型道岔。

一、提速道岔的平面认知

提速道岔的型号较多，现以 60 kg/m 钢轨、12 号可动心轨单开道岔为例进行介绍。

1. 平面尺寸

60 kg/m 钢轨、12 号单开提速道岔与普通道岔平面尺寸见表 2.2。

表 2.2　单开提速道岔与普通道岔平面尺寸　　　　　　单位：mm

道岔类型		尖轨尖端前基本轨长度	道岔前长	道岔后长	道岔全长	辙叉跟长
60 kg/m-12 号	普通单开道岔（AT 尖轨）	2 850	16 853	21 054	37 907	3 804
	提速可动心轨辙叉	2 920	16 592	26 608	43 200	4 358

2. 导曲线线型

提速道岔导曲线的线型采用圆曲线，60 kg/m 钢轨、12 号提速道岔的导曲线半径为 350 717.5 mm，导曲线起点在尖轨尖端后 298 mm 处，终点在尖轨跟端后 14 363 mm 处。

3. 尖轨与基本轨的连接形式

尖轨与基本轨的连接采用切线型的连接形式。

4. 辙叉线型

辙叉的线型为直线型。

二、提速道岔各部分的主要尺寸

1. 转辙器部分的主要尺寸

尖轨长度采用 13.88 m。直向尖轨为直线型，侧向尖轨为曲线型。

2. 可动心轨辙叉的主要尺寸

可动心轨辙叉主要尺寸如图 2.41 所示。

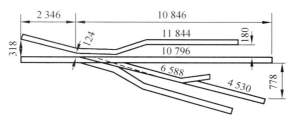

图 2.41 可动心轨辙叉主要尺寸（单位：mm）

三、提速道岔铺设总布置图的主要尺寸

可动心轨辙叉 12 号单开提速道岔平面主要尺寸如图 2.42 所示。

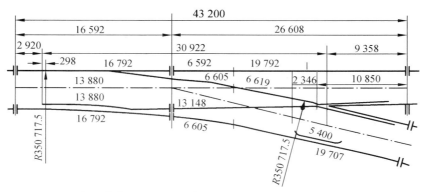

图 2.42 可动心轨辙叉 12 号提速单开道岔平面主要尺寸（单位：mm）

四、提速道岔的构造

提速道岔的型号较多，为兼顾新、老型号，同样以 60 kg/m 钢轨、12 号可动心轨单开道岔为例进行介绍。

（一）转辙器结构

转辙器部分如图 2.43 所示。

图 2.43 提速道岔转辙器

1. 尖轨、基本轨及滑床板结构

（1）转辙器尖轨、基本轨及滑床板结构如图 2.44 所示。

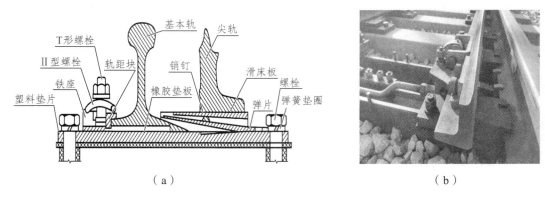

（a）   （b）

图 2.44　转辙器尖轨、基本轨及滑床板

（2）尖轨顶面纵坡如图 2.45 所示。

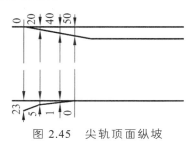

图 2.45　尖轨顶面纵坡

2. 尖轨的转换机构

尖轨长 13.88 m，弹性可弯段轨底不刨切，两尖轨之间不设连接杆，尖轨的转换设两个牵引点。

3. 限位器

在跨区间无缝线路中，限位器是提速道岔的特有结构，可将过大的温度力传递给外侧基本轨。限位器的活动间隙设计取值为 7 mm。如图 2.46 所示。

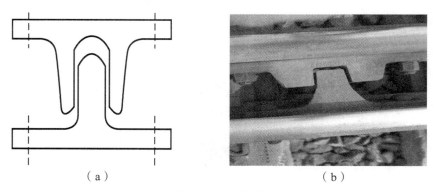

（a）   （b）

图 2.46　限位器

（二）可动心轨辙叉结构

可动心轨辙叉主要由长短心轨、翼轨、大垫板等组成，如图 2.47 所示。

1—翼轨；2—连接大垫板；3—长心轨；4—短心轨；5—导向轨撑；
6—跟端斜接钢轨；7—第一拉杆；8—第二拉杆。

图 2.47　可动心轨辙叉

可动心轨辙叉利用心轨可以摆动并与翼轨紧密贴靠达到消灭"有害空间"、提高列车过岔速度的目的。可动心轨辙叉可不设护轨，但为防止心轨侧面磨耗影响直股密贴，侧向需要设置防磨护轨，防磨护轨长度为 5.4 m。

五、岔　枕

提速道岔的岔枕可分为木岔枕、混凝土岔枕和钢岔枕 3 类，混凝土岔枕的承载能力大于Ⅲ型混凝土轨枕，岔枕顶面平直无挡肩。岔枕断面尺寸如图 2.48 所示。

钢岔枕铺设在尖轨及可动心轨的牵引点处，专供隐蔽转换杆件之用。钢岔枕截面如图 2.49 所示。

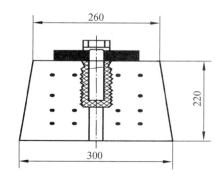

图 2.48　混凝土岔枕断面（单位：mm）

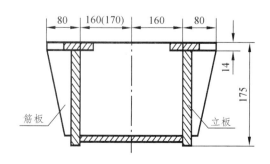

图 2.49　钢岔枕截面（单位：mm）

岔枕扣件采用Ⅱ型弹条分开式扣件，扣件调距量为 − 8 ~ + 4 mm。扣件的构造形式如图 2.50 所示。

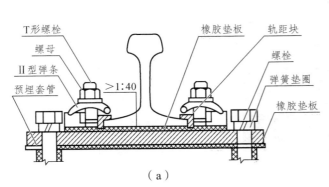

（a）　　　　　　　　　　　　　　（b）

图 2.50　混凝土岔枕扣件

轨距块为铸钢件，分 4 个号码（9 号、11 号、13 号、15 号）。轨距块两肢厚度不同，9 号、15 号为一个轨距块，11 号、13 号为一个轨距块。混凝土岔枕垫板下设 10 mm 厚橡胶垫板。

拓展模块

道岔构造拓展模块主要对中国高速铁路道岔技术的主要特征和发展趋势进行了介绍。

拓展模块二　道岔构造

实作模块

实训一　普通单开道岔识图综合训练

根据普通单开道岔铺设图，找出普通单开道岔的各部分组成及作用，判断辙叉号及尖轨类型。

实训二　提速道岔识图综合训练

根据提速道岔铺设图，找出提速道岔的各部分组成及作用，判断辙叉号及尖轨类型。

实训指导书二

应知应会

1. 各种道岔种类的特点及作用。
2. 绘制示意图说明普通单开道岔各部分组成。

项目三　无缝线路构造

　　无缝线路是用焊接长轨条铺设的轨道，因长轨条没有轨缝而得名，如图 3.1 所示。与有缝线路相比，无缝线路可减少列车对轨道的动力冲击和振动作用，噪声低，有利于列车平稳运行，旅客舒适度高；还可延长维修周期、降低轨道养护维修费用，延长线路设备和机车车辆的使用寿命。通过学习无缝线路结构知识，掌握温度应力式无缝线路结构构造与原理，为无缝线路的施工与维护打好理论基础。

（a）

（b）

（c）

图 3.1　无缝线路

理论模块

　　知识点一　温度应力式无缝线路构造
　　知识点二　温度应力式无缝线路原理

知识点一　温度应力式无缝线路构造

一、无缝线路分类

（一）按长轨节长度的分类

无缝线路按长轨节长度可分为普通无缝线路、全区间无缝线路和跨区间无缝线路，如表 3.1 所示。

表 3.1　无缝线路类型 I

序　号	名　　称	长轨节长度	关键技术
1	普通无缝线路	1 000～2 000 m，不应小于 200 m	一般钢轨焊接
2	全区间无缝线路	跨越闭塞分区、不跨越车站	高强度胶结绝缘接头
3	跨区间无缝线路（超长无缝线路）	跨越车站道岔并贯穿区间长度可达几十到几百公里	胶接绝缘接头、无缝道岔

（二）按长轨的温度应力处理方式的分类

无缝线路按长轨的温度应力处理方式可分为温度应力式和放散温度应力式，其中温度应力式应用最广泛，如表 3.2 所示。

表 3.2　无缝线路类型 II

序　号	名　称		组　成	轨温调节方式	适用范围	优缺点
1	温度应力式		由固定区、伸缩区、缓冲区构成	锁定后,钢轨不能随轨温变化而自由伸缩	每年最高和最低轨温差小于 90 ℃ 的地区	结构简单，铺设和养护维修方便。但在高温和低温季节常承受较大的温度应力
2	放散温度应力式	自动放散	长轨两端设置钢轨伸缩调节器（即尖轨接头）	长轨能随着轨温的变化而伸缩	在温差较大的地区和特大桥上	长轨节温度应力能随时释放
		定期放散	同温度应力式，缓冲区为短轨	季节性的适当轨温条件下，进行长轨应力放散	年最高和最低轨温差大于 90 ℃ 的地区	高温和低温季节放散作业工程量大，使用很少

二、温度应力式无缝线路构造

温度应力式无缝线路的平面构造由固定区、伸缩区、缓冲区 3 部分构成，如图 3.2 所示。

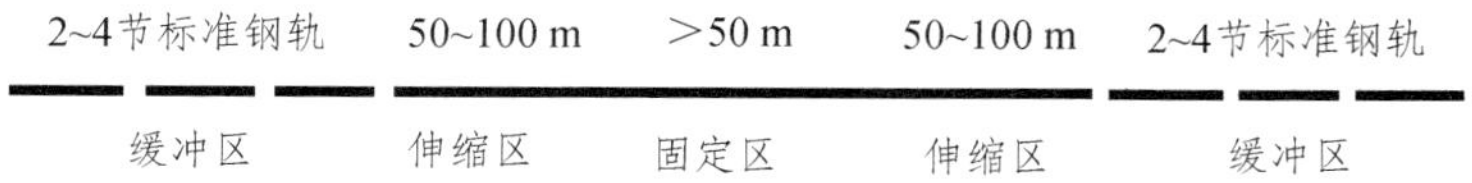

2~4节标准钢轨	50~100 m	>50 m	50~100 m	2~4节标准钢轨
缓冲区	伸缩区	固定区	伸缩区	缓冲区

图 3.2　温度应力式无缝线路平面构造

温度应力式无缝线路平面构造的各部分设置规定与功能如表 3.3 所示。

表 3.3　温度应力式无缝线路平面构造的各部分设置规定与功能

分区	位置	功能	设置规定
固定区	长轨条中间完全不能伸缩的部分	当轨温变化时，长轨的伸缩受到接头阻力和钢轨基础部分阻力的约束，完全不能伸缩	在长轨中间一定长度范围内 ≥50 m，道岔必须设在固定区
伸缩区	伸缩区是长轨条两端可能发生伸缩的部分	当钢轨温度力大于接头最大阻力后，将有一段钢轨发生伸缩，当轨温变化幅度达到最大时，发生伸缩的钢轨长度也达到最大	一般为 50~100 m
缓冲区	两根长轨之间铺设标准轨的部分	调节轨缝，应力放散时调换调节轨或设置绝缘接头，以及作为与道岔连接的过渡段等	一般由 2~4 节同类型标准轨组成

三、长钢轨的布置

跨区间或区间单元轨节的布置，应根据线路条件、工点情况、施工工艺及养护维修等因素综合研究确定。区间单元轨节长度宜为 1.0~2.0 km，最短不应小于 200 m。

下列地段宜单独设计为一个或多个单元轨节：无缝道岔、钢轨伸缩调节器及其前后线路；长大桥梁及两端线路护轨梭头范围之内；长度超过 1.0 km 的隧道；小半径曲线地段。

四、轨道结构一般技术条件

（1）路基必须稳定，无病害。

（2）无缝线路应采用 60 kg/m 及以上钢轨。缓冲区钢轨的连接应采用接头夹板和高强度螺栓。

（3）无缝线路应铺设混凝土枕或混凝土宽枕，有砟桥面应铺设混凝土桥枕并使用弹条扣件。

（4）无缝线路的道床应采用中国标准一级碎石道砟，跨区间无缝线路道岔范围内道床肩宽应达到 450 mm。

五、特殊地段无缝线路的构造特点

（一）桥上无缝线路

因梁的伸缩而引起的钢轨纵向力称之为伸缩附加力；因梁的挠曲而引起的钢轨纵向力称之为挠曲附加力。这些力同时又反作用于梁跨和固定支座上，使桥梁墩台产生弹性变形，墩顶发生纵向位移，铺设或维护时应符合相关规范要求，如图 3.3 所示。

（二）隧道无缝线路

隧道洞口内外附近每天轨温变化比较大。隧道内轨道结构应适当加强，可设无砟道床和耐腐蚀的合金轨。长轨条接头宜设在距隧道口内侧 50 m 处，伸缩区设于隧道洞口内，缓冲区宜设置在隧道洞口外。如图 3.4 所示。

图 3.3　桥梁无缝线路　　　　　　图 3.4　隧道无缝线路

（三）小半径曲线无缝线路

在曲线轨道上，存在温度力的径向分力和列车通过时的横向水平力，使曲线轨道稳定性变差。铺设无缝线路的曲线半径不宜小于 400 m。一个小半径曲线，最好单独铺一节长轨，伸缩区最好设在直线上，适当提高锁定轨温，以减小温度压力。如图 3.5 所示。

（四）长大坡道无缝线路

列车在长大坡道线路制动可使无缝线路钢轨产生爬行。因此，需通过加强防爬锁定，在凹形纵断面变坡点设置钢轨数量适当增加的缓冲区，在凸形纵断面变坡点设置半径较大的竖曲线，以及加强防爬观察等措施防止钢轨爬行，避免应力集中。如图 3.6 所示。

图 3.5　曲线无缝线路　　　　　　　　　图 3.6　长大坡道无缝线路

//////// 知识点二　温度应力式无缝线路原理 \\\\\\\\\

一、钢轨内的温度应力

（一）钢轨的自由伸缩量

当轨温变化时，不受任何限制的钢轨的自由伸缩量为

$$\Delta L = \alpha \cdot L \cdot \Delta t \qquad (3.1)$$

式中　ΔL——钢轨的自由伸缩量（mm）；

α——钢轨的线膨胀系数，取 0.011 8 mm/（m·℃）；

L——钢轨长度（m）；

Δt——轨温变化幅度（℃）。

（二）钢轨内的温度应力和温度力

1. 温度应力

无缝线路铺设、锁定后，因轨温变化，长轨不能自由伸缩而在其内部产生的应力，称为温度应力。其计算公式为

$$\sigma_t = 247.8\Delta t \quad (\text{N/cm}^2) \qquad (3.2)$$

2. 温度力

对整个钢轨断面而言，由轨温变化产生的力，即整个钢轨断面上的温度应力，称为温度力。钢轨的温度力均以受拉为正，其计算公式为

$$P_t = 247.8F \cdot \Delta t \quad (\text{N}) \qquad (3.3)$$

式中　F——钢轨横断面面积（cm^2）。

3. 计算公式的推论

由钢轨内的温度应力和温度力计算公式可以推断：① 无缝线路轨道除承受列车动静荷载外，还承受巨大的温度力；② 无缝线路钢轨内部的温度应力和温度力与轨温变化幅度 Δt 成正比，而与钢轨长度 L 无关。

理论上无缝线路长钢轨可以任意长，而不会影响其内部的温度应力值，这是无缝线路铺设的主要理论基础。考虑到施工及运营管理的实际情况，无缝线路钢轨长度应符合相关铺设规范。

二、锁定轨温

（一）钢轨温度

钢轨温度简称轨温，指钢轨截面（横断面）的平均温度。除受气温、风力及日照程度的影响，还与地形、线路方向、测量部位等有关。最高轨温比当地最高气温约高 20 ℃。

中国部分地区的最高、最低和中间轨温见表 3.4。

表 3.4　中国部分地区的最高、最低和中间轨温　　　　　　单位：℃

地　区	最高轨温	最低轨温	中间轨温	地　区	最高轨温	最低轨温	中间轨温
南宁	60.4	− 2.1	29.2	海口	60.9	1.9	31.4
柳州	59.2	− 3.8	27.7	昆明	52.3	− 5.4	23.5

中间轨温是指当地最高轨温和最低轨温的平均值，即

$$T_z = \frac{1}{2}(T_{\max} + T_{\min}) \tag{3.4}$$

式中　T_z——中间轨温（℃）；

　　　$T_{\max}$——当地最高轨温（℃）；

　　　$T_{\min}$——当地最低轨温（℃）。

实测轨温用钢轨测温计量测，在钢轨的全断面上选定多点测量，取其平均值。

（二）锁定轨温

无缝线路上拧紧钢轨两端接头螺栓、上紧中间扣件及防爬设备，把长钢轨固定在线路上的过程，称为锁定线路。此时，锁定轨温也称零应力轨温。施工中，通常把长钢轨锁定时两端轨温的平均值作为锁定轨温。

确定设计锁定轨温应以最高轨温时轨道不发生胀轨跑道，最低轨温时不拉断钢轨或螺栓为基本条件，经过轨道强度和稳定性检算而确定。

1. 设计锁定轨温及范围的计算

根据气象资料和无缝线路允许温升、允许温降，并考虑一定的修正量计算确定无缝线路设计锁定轨温。

（1）根据各地轨温幅度并按《无缝线路铺设及养护维修办法》附录所列允许温升$[\Delta T_c]$和允许温降$[\Delta T_d]$计算中和轨温，其计算公式为

$$t_e = \frac{T_{max} + T_{min}}{2} + \frac{[\Delta T_d] - [\Delta T_c]}{2} \pm [\Delta T_k] \qquad (3.5)$$

式中　$[\Delta T_d]$，$[\Delta T_c]$——允许温降和允许温升；

　　　T_{max}，T_{min}——当地历史最高轨温和最低轨温；

　　　$[\Delta T_k]$——中和轨温修正值，一般为 0 ～ 5 ℃。

（2）设计锁定轨温范围。在满足轨道强度和稳定条件的前提下，设计锁定轨温范围宜为 10 ℃（±5 ℃），即

上限 $T_m = T_e + （3 ～ 5）℃$　　满足 $T_m - T_{min} \leqslant [\Delta T_d]$ 条件

下限 $T_n = T_e - （3 ～ 5）℃$　　满足 $T_{max} - T_n \leqslant [\Delta T_c]$ 条件

2. 施工锁定轨温（实际锁定轨温）

以长轨条始端或终端落槽时，分别测量两次轨温的平均值作为施工锁定轨温。

三、轨道纵向阻力

（一）道床纵向阻力

轨排在道床中纵向位移时，道床对轨枕所产生的抵抗力称为道床纵向阻力，与道砟材质、粒径级配、道床断面、捣固质量、脏污程度、轨枕类型等因素有关。

通常取轨枕位移为 2 mm 时的阻力值作为设计无缝线路时的道床纵向阻力值，一级道砟线路道床纵向阻力值见表 3.5。

表 3.5　道床纵向阻力值

线路条件		单根轨枕的道床纵向阻力 R/N	一股钢轨下单位道床纵向阻力 p/（N/cm）		
			1 840 根轨枕/km	1 760 根轨枕/km	1 667 根轨枕/km
混凝土枕轨道	Ⅱ型	12 500	115	109	—
	Ⅲ型	18 300	—	160	152

（二）接头阻力

无缝线路长轨两端钢轨接头阻止钢轨纵向伸缩的阻力，称为接头阻力。接头阻力由钢

轨与夹板接触部分之间的摩擦力和螺栓的抗剪力所提供。其大小主要取决于接头螺栓的拉力和钢轨与夹板接触面之间的摩擦系数。因此，接头阻力与螺栓的个数、材质、直径、拧紧程度有关。不同螺栓扭矩条件下的接头阻力值见表 3.6。

表 3.6　螺栓扭矩与接头阻力的关系

螺栓类型	螺栓扭矩/（N·m）					
	500	600	700	800	900	1 000
75 kg/m 钢轨，ϕ24 mm 螺栓		350	430	500	550	
60 kg/m 钢轨，ϕ24 mm 螺栓	230	280	390	450	510	570

（三）扣件阻力

中间扣件及防爬设备共同阻止钢轨沿轨枕面纵向位移的阻力称为扣件阻力，与扣件类型、拧紧程度及防爬设备类型、配置数量有关。扣件阻力必须大于道床纵向阻力，这是无缝线路轨道结构设计的基本要求之一。不同扣件的阻力值见表 3.7。

表 3.7　Ⅱ、Ⅲ 型扣件的扣件阻力

扣件类型	扣件扭力矩	
	80 N·m	150 N·m
Ⅱ 型	9.3 kN	15.0 kN
Ⅲ 型	16.0 kN	

注：Ⅲ 型扣件为无螺栓扣件，其扣件阻力与扭矩无关。

四、温度力与纵向阻力的关系

（一）温度力与接头阻力的关系

无缝线路锁定后，当轨温变化时，温度力 P_t 等于接头阻力 P，长轨的热胀冷缩首先受到接头阻力的约束，长轨两端不伸缩。

当温度力 P_t 大于接头最大阻力 P_H 时，长轨两端才开始伸缩，而接头仍提供最大的阻力与温度力相抗衡。如图 3.7 所示。

（二）温度力与道床纵向阻力的关系

若轨温继续变化，在接头阻力被克服后，长轨的伸缩就受到道床纵向阻力的约束。钢轨将带动该段长度的轨枕一起伸缩。如图 3.8 所示。

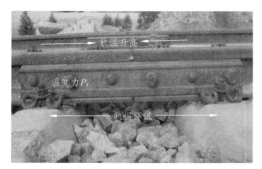

图 3.7 接头提供阻力   图 3.8 道床提供纵向阻力

五、无缝线路稳定性

无缝线路的稳定性是指在高温条件下，钢轨内部的温度压力与道床横向阻力、轨道框架刚度等的相对平衡关系。影响无缝线路稳定性的主要因素有钢轨的温升幅度、轨道原始弯曲、道床横向阻力及轨道框架刚度等，其中钢轨的温升幅度、轨道原始弯曲等为促使失稳的因素，道床横向阻力及轨道框架刚度等为保持稳定的因素。失稳过程可分为以下三个阶段：

1. 稳定阶段

温度应力式无缝线路锁定后，轨温处于允许范围内，无缝轨道将保持原来的稳定状态。

2. 胀轨阶段

随着季节性的轨温升高，轨道框架受到巨大的温度压力。当温度压力增加到一定数值时，轨排就可能克服轨道框架刚度和道床横向阻力，线路的薄弱地段出现弯曲变形，称为无缝线路的胀轨。如果轨温不继续升高，无缝线路仍处于稳定平衡状态。

3. 跑道阶段

如果轨温继续升高或受外力干扰，臌曲将继续扩大，当轨温值达到某一临界值时（此时的温度压力称为临界温度压力），轨温稍有升高或稍受外力干扰，轨道便会突然发生明显的臌曲，导致轨道完全被破坏，称为无缝线路的跑道。

跑道使积存于轨道框架中的能量被突然释放，引起较大位移，并使钢轨发生塑性弯曲、轨枕损裂、道砟抛撒，甚至颠覆列车，造成严重后果。

> **拓展模块**

无缝线路构造拓展模块主要对无缝线路轨道结构的规定、无缝线路钢轨温度力纵向分布规律进行了介绍。

拓展模块三 无缝线路构造

实作模块

实 训　设计锁定轨温的确定

利用背景资料给定的无缝线路历史最高轨温、历史最低轨温和爬行情况分别确定无缝线路设计锁定轨温、设计锁定轨温范围和实际锁定轨温变化值。

实训指导书三

应知应会

1. 按长轨节长度、温度应力处理方式的不同，无缝线路分别有哪些类型？
2. 简述无缝线路的 3 部分构成，并绘制平面示意图。
3. 现有一根长钢轨，其长度为 2 000 m，轨温变化幅度为 25 ℃，求其自由伸缩量。
4. 什么是锁定轨温？
5. 简述 3 种轨道纵向阻力的概念与影响因素。
6. 简述无缝线路的基本概念及失稳过程。

项目四　曲线线路构造

主要内容与学习目标

　　铁路线路不断改变其走向，两相邻直线之间采用曲线连接，以适应各种地形、地貌、地质条件等，称为铁路线路平面曲线。如图 4.1、图 4.2 所示。

　　通过学习本项目内容，掌握铁路曲线的平面结构与超高、加宽的设置。

图 4.1　单线铁路曲线

图 4.2　双线铁路曲线

理论模块

　　知识点一　曲线平面
　　知识点二　曲线外轨超高的设置
　　知识点三　曲线轨距和限界的加宽

知识点一　曲线平面

一、曲线基本要素

（一）基本要素

　　曲线的基本要素主要包括曲线半径 R、曲线转角 α、缓和曲线长 l_0、切线长 T、曲线长度 L、外矢距 E 等。曲线五大主点：直线与缓和曲线的连接处为直缓点或缓直点（ZH 或 HZ 点）；缓和曲线与圆曲线的连接处为缓圆点或圆缓点（HY 或 YH 点）；曲线中部平分之处为曲中点（QZ 点）；未设缓和曲线的曲线与直线连接处称为直圆点或圆直点（ZY 或 YZ 点）。如图 4.3 所示。

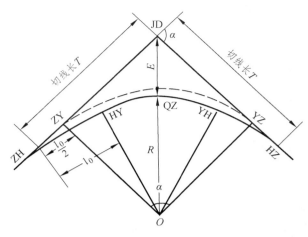

图 4.3　平面曲线基本要素

（二）曲线半径 R

曲线要素中，曲线半径 R 是决定列车运行条件的主要因素，若地形条件允许，应尽可能采用较大的曲线半径。

中国铁路规定，普速铁路区间线路最小曲线半径不得小于规定值，如表 4.1 所示。客运专线铁路区间线路最小曲线半径和最大曲线半径规定值如表 4.2 所示。

表 4.1　普速铁路区间线路最小曲线半径　　　　　　　单位：m

铁　路　等　级	I		II	
路段设计行车速度/（km/h）	160	120	120	80
一般	2 000	1 200	1 200	600
困难	1 600	800	800	500

表 4.2　客运专线铁路区间线路最小曲线半径和最大曲线半径

路段设计行车速度/（km/h）		最小曲线半径/m	
200	客运专线	一般	2 200
		困难	2 000
250	有砟轨道	一般	3 500
		困难	3 000
	无砟轨道	一般	3 200
		困难	2 800

二、缓和曲线

（一）设置缓和曲线的目的

连接直线和圆曲线的半径渐变的曲线，即缓和曲线。缓和曲线能使列车通过离心力逐渐增加或减少。

（二）缓和线形基本要求

平面形状：缓和曲线在平面上是一条曲率半径 ρ 由 ∞ 逐渐减小至 R 的一条变径曲线。经过近似简化，中国铁路采用 3 次抛物线作为缓和曲线，如图 4.4 所示。

立面形状：缓和曲线在立面的形状应是一条 S 形曲线，在始点处与直线部分的外轨顶面相切，在终点处与圆曲线部分的外轨顶面相切。

（三）缓和曲线的长度

缓和曲线长度设置应满足外轨超高顺坡（见图 4.5）和列车运行安全要求，不影响旅客的舒适度，便于测设和养护维修。应根据曲线半径、路段设计速度和工程条件选用，如表 4.3 所示。

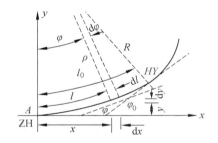

图 4.4　缓和曲线平面

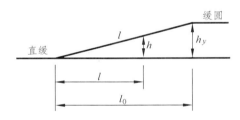

图 4.5　缓和曲线直线形外轨超高顺坡

表 4.3　最小缓和曲线的长度

路段设计速度 /（km/h）		160		140		120		100		80	
工程条件		一般	困难	一般	困难	一般	困难	一般	困难	一般	困难
最小曲线半径/m	10 000	50	40	30	20	20	20	20	20	20	20
	5 000	70	60	60	40	40	30	20	20	20	20
	2 000	140	120	90	80	60	50	50	40	30	20
	1 000	—	—	—	—	120	100	70	60	40	30

三、曲线形式及长度要求

根据相邻两曲线转向角的方向，可分为同向曲线和反向曲线两种形式。每个圆曲线的长度及夹直线的长度应满足表 4.4 的规定。

表 4.4　圆曲线或夹直线最小长度

路段设计速度/（km/h）			200	160	140	120	100	80
最小曲线半径/m	工程条件	一般	140	130	110	80	60	50
		困难	100	80	70	50	40	30

知识点二　曲线外轨超高的设置

一、原因及对策

（一）原　因

列车通过曲线产生离心力不仅影响到旅客的舒适度，而且对曲线外股钢轨施加了较大的竖向压力和横向作用力，加剧了外股钢轨的磨耗，严重时还会影响到铁路行车安全。

（二）对　策

为平衡、缓解该离心力，铁路采用将曲线外股钢轨适当抬高即设置外轨超高的方法来实现此目的，如图 4.6 所示。

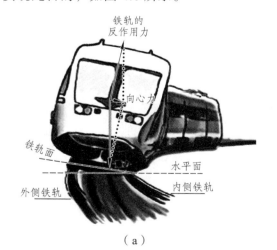

（a）

（b）

图 4.6　曲线轨道外轨设置超高

二、计算方法

（一）计　算

1. 改建铁路

改建铁路曲线外轨超高的计算公式为

$$h = 11.8 \frac{v_j^2}{R} \tag{4.1}$$

式中　h——外轨超高（mm）；

　　　v_j——平均速度（km/h）；

　　　R——曲线半径（m）。

用加权平均法计算平均速度，计算公式为

$$v_j = \sqrt{\frac{\sum N_i Q_i v_i^2}{\sum N_i Q_i}} \tag{4.2}$$

式中　v_j——加权平均法计算平均速度（km/h）；

　　　N_i——一昼夜各类列车次数（列）；

　　　Q_i——各类列车质量（t）；

　　　v_i——各类列车实测速度（km/h）。

2. 新建铁路

新建铁路无资料求算 v_j，其超高则用设计最高行车速度来设置。平均速度一般为设计最高行车速度的 80%，即 $v_j = 0.8 V_{\max}$。

$$h = 7.6 \frac{v_{\max}^2}{R} \tag{4.3}$$

（二）取值规定

为便于设置，超高值应取整为 5 mm 的整倍数（3 进 2 舍）。轨道实设最大超高应符合普速、高速铁路《铁路线路修理规则》规定。

（三）检算欠超高和过超高

曲线外轨超高按平均速度计算，实际设置超高不足或过大，对旅客舒适度、轨道几何形位、钢轨磨耗以及行车安全都有较大影响。

1. 欠超高

曲线实设的外轨超高不足，不足部分称为未被平衡的欠超高，简称欠超高。计算公式为

$$h_q = 11.8 \frac{v_{\max}^2}{R} - h \qquad\qquad (4.4)$$

式中 h_q ——未被平衡的欠超高（mm）；

h ——实设外轨超高（mm）。

允许欠超高按旅客舒适条件来决定，应符合《铁路线路修理规则》要求。

2. 过超高

曲线实设的超高过大，超过部分称为未被平衡的过超高，简称过超高或余超高。计算公式为

$$h_g = h - 11.8 \frac{v_{货}^2}{R} \qquad\qquad (4.5)$$

式中 h_g ——未被平衡过超高（mm）；

$v_{货}$ ——货物列车平均速度（km/h）。

过超高允许值不宜大于欠超高允许值，即 $h_g < h_q$，并符合《铁路线路修理规则》要求。

三、曲线超高设置方法

曲线超高通过加厚外侧道床（无砟道床通过加厚垫层）来实现曲线外轨超高的设置，且有一个逐渐的顺坡过程。在超高顺坡地段，外股钢轨被逐渐抬高，不仅对外轨造成偏载，而且对旅客的舒适度也有直接的影响。曲线超高应在整个缓和曲线内顺完，其设置必须符合线路修理规则要求。

知识点三 曲线轨距和限界的加宽

一、曲线轨距加宽

1. 原 因

机车车辆的转向架是一个刚性结构，当机车车辆通过小半径曲线时，容易被钢轨卡住，轮轨磨耗及轨道破坏加剧。机车车辆转向架通过曲线的示意图如图 4.7 所示。

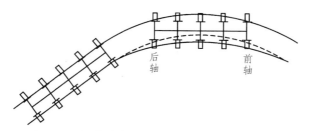

图 4.7　机车车辆转向架通过曲线的示意图

2. 对　策

根据线路行车速度，在半径小到一定数值的曲线上，将轨距适当加宽（轨距不超1 450 mm），使机车车辆平稳和安全地通过曲线。中国铁路关于轨距加宽的标准如下：

（1）不加宽：$R \geqslant 295$ m 的曲线。

（2）加宽 5 mm：245 m $\leqslant R < 295$ m 的曲线。

（3）加宽 10 mm：195 m $\leqslant R < 245$ m 的曲线。

（4）加宽 15 mm：$R < 195$ m 以下的曲线。

3. 设置方法

为保证曲线外股钢轨的圆顺和导向作用，保持曲线外股钢轨不动，通过将内股钢轨向外横移来实现轨距加宽。曲线轨距与直线轨距间，应使轨距均匀递减，递减率不得大于 1‰，特殊情况不大于2‰，如图 4.8、图 4.9 所示。

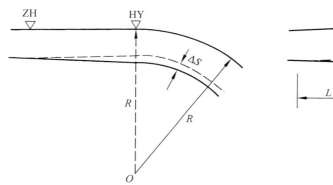

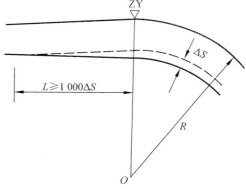

图 4.8　有缓和曲线轨距加宽递减　　　　图 4.9　无缓和曲线轨距加宽递减

二、曲线限界加宽

（一）直线建筑限界

《铁路技术管理规程》规定一切建（构）筑物、设备，均不得侵入铁路建筑限界。与机车车辆有直接互相作用的设备，在使用中不得超过规定的侵入范围。

铁路限界主要包括铁路建筑限界和铁路机车车辆限界，两种限界之间存在一定的空间间隔，称为安全空间。如图 4.10、图 4.11 所示。

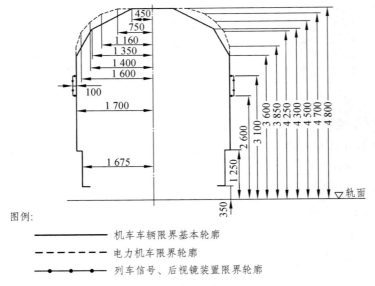

图例：

———————— 机车车辆限界基本轮廓

------------- 电力机车限界轮廓

●—●—●—●— 列车信号、后视镜装置限界轮廓

图 4.10　v≤160 km/h 客货共线铁路机车上部限界图（单位：mm）

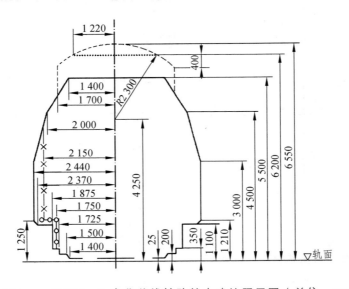

图 4.11　v≤160 km/h 客货共线铁路基本建筑限界图（单位：mm）

基本建筑限界中对站台构筑物的具体规定为：旅客站台上柱类建（构）筑物距站台边缘不小于 1 500 mm，建（构）筑物距站台边缘不小于 2 000 mm。旅客站台（见图 4.12）的高度为 1 250 mm，货物站台（见图 4.13）的高度为 900 ~ 1 100 mm。货物高站台边缘（只适用于线路的一侧）在高出轨面的 1 100 ~ 4 800 mm 范围，距线路中心线距离 1 850 mm。其他构筑物限界应符合设计文件和规范要求。

图 4.12 旅客站台

图 4.13 货物站台

（二）曲线上基本建筑限界的加宽

1. 原因分析

列车转向架上的车体为刚性结构，在曲线轨道上运行不随轨道而弯曲，车体纵向轴线与轨道中心线是不重合的，致使每节车体偏移，使车体与基本建筑限界间的安全空间不足，如图 4.14、图 4.15 所示。

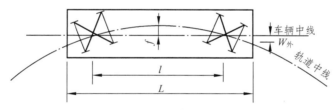
图 4.14 曲线上车体内外偏移

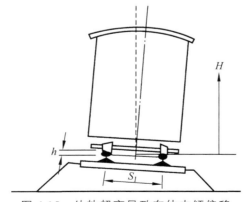
图 4.15 外轨超高导致车体内倾偏移

2. 加　宽

曲线地段的基本建筑限界较直线地段的大，应在直线基本建筑限界的基础上适当加宽。

由图 4.14、图 4.15 可知，曲线上基本建筑限界的加宽与车体长度、两转向架间的距离、曲线半径及外轨超高有关。曲线限界加宽计算见拓展模块。

拓展模块

曲线线路构造拓展模块主要对铁路曲线线路结构规定、曲线限界加宽方法进行了介绍，并给出了曲线超高计算实例。

拓展模块四　曲线线路构造

实作模块

实　训　曲线外轨超高计算与检算

利用背景资料给定某曲线的一昼夜各次列车的速度和质量计算出通过该曲线的列车平均速度的前提下，通过计算和检算确定该曲线外轨超高。

实训指导书四

应知应会

1. 绘图说明曲线轨道的基本要素、主点，并简述曲线轨道的特点。
2. 简述超高、欠超高、过超高的概念，并简述超高的设置方法。

项目五　线路设备检查

主要内容与学习目标

　　线路设备检查包括轨道部件状态检查、轨道几何形位检查及行车平稳性检查，可分为静态检查和动态检查。轨道检查是轨道施工维护管理的基础，是线路维修工作的主要环节。它是获得线路设备状态信息，掌握线路设备变化规律，编制维修作业计划和分析设备病害的主要依据。

　　铁路线路检查应坚持"动、静态检查相结合，结构检查与几何尺寸检查并重"的原则。本项目主要介绍在静态条件下的轨道检查及动态检查数据分析等内容，高速铁路精测相关内容将在"高铁精测精调"课程内介绍。通过学习掌握轨道检查规则、检查方法与结果分析研判方法。如图 5.1、图 5.2 所示。

图 5.1　轨道静态检查

图 5.2　轨道动态检查

理论模块

　　知识点一　线路设备静态检查
　　知识点二　线路设备动态检查
　　知识点三　道岔几何尺寸检查

知识点一　线路设备静态检查

　　线路设备静态检查是指轨道几何尺寸以仪器检查为主，人工主要进行轨道结构检查。

应根据线路速度等级、闭塞类型、设备条件、列车对数等情况，合理确定线路设备巡检要求，由铁路维修企业规定。

一、检查内容及周期

铁路轨道设备静态检查主要内容及周期如表 5.1 所示。

表 5.1　线路设备静态检查主要内容及周期

序　号	检查内容	检查周期
1	正线检查无砟轨道、混凝土枕线路轨道结构及几何状态	轨检车每月检查时不少于 1 次/季，轨检车每季检查或当月无轨检车检查室设备巡检不少于 1 次/月
2	正线轨道结构薄弱地段、重点地段	适当增加检查次数
3	正线混凝土枕道岔、混凝土枕或明桥面调节器轨道结构及几何状态检查，到发线、客车径路道岔检查	不少于 1 次/月
4	正线木枕道岔、有砟木枕调节器轨道结构及几何状态检查	不少于 2 次/月
5	站线线路和道岔检查	不少于 1 次/6 个月
6	正线、到发线、客车径路曲线及岔后连接曲线正矢检查	不少于 1 次/每季
7	其他线路曲线正矢检查	不少于 1 次/6 个月
8	无缝线路位移观测	不少于 1 次/6 个月（高温、低温季），每次影响线路稳定作业以后

二、静态检查项目

（1）线路几何形位检查项目主要有：轨距（含曲线轨距加宽）、水平（含曲线外轨超高、线路扭曲或三角坑）、轨向（含曲线圆顺程度）、高低及轨底坡。

（2）道岔几何形位的检查项目主要有：道岔各部分轨距、水平、高低、导曲线支距、查照间距、尖轨与基本轨的密贴程度等。

（3）轨道结构的检查项目主要有：钢轨、轨枕伤损、连接零部件、道床等伤损及失效检查。

三、静态检查的准备与记录

（一）静态检查前的准备工作

（1）量具准备：如道尺、支距尺、安全防护用品等。线路静态检查主要计量器具，如轨道检查仪、轨距尺、支距尺、钢轨轮廓仪等，应按《铁路工务计量器具运用管理办法》有关规定进行检定或校准，必须在校验合格期内使用。

（2）记录簿上先填写检查地段结构、日期、人员等信息，防止漏查漏记。

（二）静态检查的记录

静态检查使用轨距尺、弦线等工具检查时应该如实填写检查记录簿，记录时禁止涂抹。对于轨道检查仪、电子轨距尺等具有内存功能的计量工具，注意过程储存数据避免漏检漏记，确保数据完整有效，分析研判结果正确。熟悉各种手工记录填写方法如线路检查记录簿，如表 5.2 所示。

表 5.2　线路检查记录簿

正线＿＿＿km 至＿＿＿km　站线＿＿＿股道　曲线半径＿＿＿m　超高＿＿＿mm　顺坡率＿＿＿%

检查日期	检查项目	钢轨编号					
		接头		中间		接头		中间	
	轨距								
	水平、三角坑								
	轨向、高低及其他								
	临时补修日期及内容								

四、静态检查的基本项目和检查方法

轨距、水平、轨向、高低、轨底坡按照项目一知识点七的内容进行。下面介绍钢轨、轨枕伤损检查。

（一）钢轨伤损

钢轨损伤是指在铁道线路上的钢轨在列车和环境多种因素作用下所产生的宏观破损及磨耗。内部伤损相关内容在"钢轨探伤"课程中介绍，这里只介绍磨耗部分。

1. 磨耗及测量

钢轨磨耗是轮轨间滚动摩擦和滑动摩擦作用的结果。钢轨的磨耗是决定钢轨使用寿命的主要因素。

轨头的磨耗指标有垂直磨耗、侧面磨耗和总磨耗三项。总磨耗＝垂直磨耗＋侧面磨耗/2，垂直磨耗在钢轨顶面宽 1/3 处（距标准工作边）测量，侧面磨耗在钢轨踏面（按标准断面）下 16 mm 处测量，用专用的轨头磨耗测量仪量测。如图 5.3 所示。

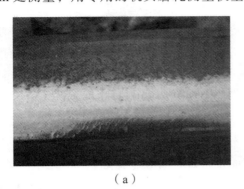
（a）

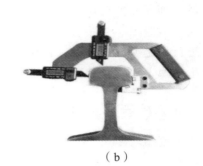
（b）

图 5.3　钢轨磨耗与测量

2．钢轨伤损分类及判定标准

钢轨伤损按损伤程度可分为轻伤、重伤和折断三类；按轨头的磨耗程度可分为轻伤和重伤两类，部分标准如表 5.3 所示。

表 5.3　钢轨轻伤、重伤标准（160 km/h≥V_{max}>120 km/h 正线 60 kg/m）

伤损项目	伤损程度	
	轻伤	重伤
钢轨头部磨耗	超过总磨耗 12 mm，垂直磨耗 9 mm，侧面磨耗 12 mm，三条件之一	超过垂直磨耗 11 mm，侧面磨耗 16 mm，两条件之一
轨端或轨顶面剥落掉块	长度超过 15 mm 且深度超过 3 mm	长度超过 25 mm 且深度超过 3 mm
钢轨顶面擦伤	深度超过 0.5 mm	深度超过 1 mm

3．钢轨折断标准

满足以下条件之一为钢轨折断：钢轨全截面断裂；裂纹贯通整个轨头截面或轨底截面；允许速度不大于 160 km/h 区段，钢轨顶面上有长度大于 50 mm 且深度大于 10 mm 的掉块；允许速度大于 160 km/h 区段，钢轨顶面上有长度大于 30 mm 且深度大于 5 mm 的掉块。

4．伤损钢轨的处理

（1）发现重伤钢轨做好标识，应立即通知铁路工务和行车部门。

（2）普通线路和无缝线路缓冲区的重伤和折断钢轨应及时更换。换下的重伤和折断钢轨应有明显的标记，防止再用。

（3）发生钢轨折断应按修理规则进行紧急处理、临时处理或永久处理。发生无缝线路钢轨重伤和折断按铁路工务安全规则执行。

钢轨折断与掉块如图 5.4 所示。

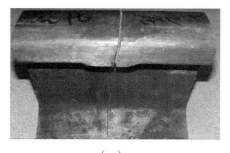

（a）　　　　　　　　　　　　　　　　（b）

图 5.4　钢轨折断裂纹与掉块

（二）轨枕伤损检查

混凝土轨枕（含混凝土宽枕、岔枕等）失效及严重伤损标准见拓展模块，轨枕挡肩破损与斜裂如图 5.5 所示。

（a）　　　　　　　　　　　　　　　　（b）

图 5.5　轨枕挡肩破损与斜裂

（三）钢轨接头、连接零件及附属设备检查

钢轨接头主要检查接头相错量、轨缝、空吊板、错牙等项目，连接零件主要检查扭矩、缺失、失效和密贴等项目。其他项目的检查与评分标准在拓展模块中展示。

知识点二　线路设备动态检测

线路动态检测就是利用综合检测车，在行进中对轨道状态做出综合评价。

一、轨道检测列车

轨检车的类型很多，检测手段不断在进步。中国先后研制出速度 300 km/h 的 CRH2-068C 高速综合检测列车、速度 400 km/h 的 CRH380B-002 高速综合检测列车等先进轨检车，如图 5.6 所示。

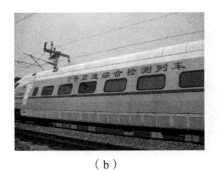

（a）   （b）

图 5.6　京津城际铁路 0 号高速综合检测列车

二、轨检车动态检测评定方法

（一）动态检查项目

轨道几何不平顺动态检测项目包括高低、轨向、轨距、水平、三角坑、复合不平顺、轨距变化率、车体垂向振动加速度、车体横向振动加速度等。通过检测形成动态检查轨检记录图纸、千米小结报告、三级超限报告表等检查结果，可通过软件自动分析和按照波形图找到峰值点，指导静态检查及组织维修，如图 5.7 所示。

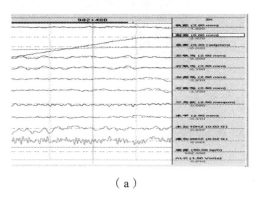

（a）   （b）

图 5.7　动态波形图对照检查维修

（二）检查评定标准

（1）各项目偏差扣分标准：Ⅰ级每处扣 1 分，Ⅱ级每处扣 5 分，Ⅲ级每处扣 100 分，Ⅳ级每处扣 301 分。凡超过Ⅲ级超限处所必须立即整修，超过Ⅳ级超限记限速运行，立即整修，以确保行车安全和平稳。

（2）每千米线路动态评定标准：优良——扣分总数在 50 分及以内；合格——扣分总数在 51～300 分；失格——扣分总数在 300 分以上。

（3）轨道质量指数（TQI）：区段均值评价指标为轨道质量指数（TQI），通过动态检查结果分析 TQI（见拓展模块），TQI 能体现各区段轨道平顺质量，可分析同一区段前后时期质量变化，用以指导制定轨道维护计划的重点部分。

知识点三 道岔几何尺寸检查

道岔检测主要包括道岔各部分的轨距及轨向、水平、高低，各部分的槽宽及间隔，道岔主要尺寸及导曲线支距等。

一、单开道岔的主要尺寸

进行道岔的测定、铺设及更换等操作之前，都必须了解道岔主要尺寸并准确地应用。

（一）直线尖轨道岔主要尺寸

单开道岔中的主要尺寸，一般是指道岔理论长度 $L_{理}$、道岔全长 $L_{全}$、辙叉理论尖端前的直线段 K、导曲线半径 $R_{外}$ 等。这些尺寸彼此间既存在着内在的联系，又具有相互影响的几何关系。单开道岔主要尺寸如图 5.8 所示。

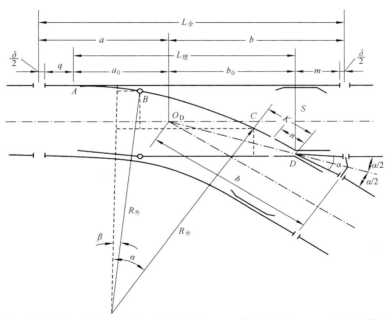

O_D—道岔中心（直线中心线与侧线中心线的交点）；O—导曲线圆心；D—辙叉心轨理论尖端；
$R_{外}$—导曲线外轨工作边的半径；K—导曲线终点至辙叉心轨理论尖端的直线段长度；
q—尖轨尖端前的基本轨长度；S—标准轨距；β—转辙角；α—辙叉角；
δ—轨缝宽度；$L_{全}$—道岔全长（道岔始端至道岔终端的水平投影长度）；
$L_{理}$—道岔理论长度（尖轨尖端至辙叉心轨理论尖端的水平投影长度）；
a_0—道岔前部理论长度（尖轨尖端至道岔中心的水平距离）；
b_0—道岔后部理论长度（道岔中心至辙叉心轨理论尖端的水平距离）；
a—道岔前部实际长度（道岔始端至道岔中心的水平距离）；
b—道岔后部实际长度（道岔中心至道岔终端的水平距离）；
n—辙叉趾长（辙叉前长）；m—辙叉跟长（辙叉后长）。

图 5.8 单开道岔主要尺寸

中国常用的单开道岔主要尺寸见表 5.4。

表 5.4　常用的单开道岔主要尺寸

道岔号数	12	18	12-固	12-动
类型 /（kg/m）	43、50（50、60AT）	50（60、75）	60	60
转辙角	1°04′18″（1°54′47″）	0°27′10″	—	—
辙叉角	4°45′49″	3°10′47″	4°45′49″	4°45′49″
道岔全长 /mm	36 815（37 907）	54 000（56 547）	37 800	43 200
道岔前部实际长 /mm	16 853	22 745	16 592	16 592
道岔后部实际长 /mm	19 962（21 054）	31 255（33 802）	21 208	26 608
导曲线半径 /m	330（350）	800	350	350
道岔前部理论长 /mm	14 203	18 867	—	—
道岔后部理论长 /mm	17 250	25 851	—	—
尖轨长 /mm	7 700（11 300）	13 500	13 880	13 880
尖轨尖端基本轨长 /mm	2 646	3 874	2 920	2 920
辙叉尖前直线段 /mm	2 483（2 548）	3 646	2 692	2 692
辙叉趾长 /mm	1 849（2 127）	2 836（4 652）	2 083	—
辙叉跟长 /mm	2 708（3 800）	5 400（7 947）	3 954	4 354
护轨长度 /mm	4 500（4 600）	7 500（7 400）	直 6 900 曲 4 800	曲 5 400
辙叉前开口 /mm	154（177）	157（258）	—	318
辙叉后开口 /mm	225（316）	300（441）	—	778

（二）道岔总布置图

道岔总布置图（铺设图）是进行道岔施工和检查道岔的主要技术依据，每种类型的道岔都有不同的铺设图。以 60 kg/m 钢轨 12 号单开道岔为例，道岔铺设图包括了总布置图、钢轨布置图、技术说明、材料表及各细部尺寸，如图 5.9 所示。

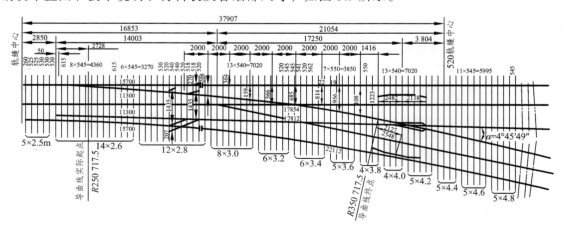

序号	图号	名称	单位	数量	材料	重量/kg	备注
1	专线4129	转撤器	组	1		6060	
2	专线4130	撤叉及护轨	组	1			
3	专线3160	钢轨	米	79.969	60kg/m钢轨	4849	
4	专线3161	鱼尾板	块	10	B6或B7	233	
5	专线4114-8	垫板384×180×20	块	82	A3F或B3F	918	
6	专线4114-14	中间扣板60	个	156	KT35-10	120	
7	专线4114-15	接头扣板60 0-2	个	4	KT35-10	2.89	
8	专线4114-15	接头扣板60 4-6	个	4	KT35-10	2.89	
9	专线4114-4	螺母M22×85	根	146	A3	47.4	
10	专线3180	鱼尾螺栓及螺母M24	副	30	A5	21.3	
11	TB417-75	螺母M22	个	146	A5	16.6	
12	TB418-75	垫圈22	个	146	55Si₂Mn	6.15	
13	TB418-75	垫圈22	个	30	55Si₂Mn	1.65	
14	TB436-77	螺纹道钉22×145	个	328	A3	134	
15	专线4114-45	塑料垫片394×190×5	块	82	聚乙烯	29.1	
16	电号9045	钢轨绝缘	组	2			通号公司供图

序号	名称	单位	数量	备注
1	普通枕木 I	根	5	
2	道岔枕木2.6	m	36.4	14根
3	道岔枕木2.8	m	36.6	12根
4	道岔枕木3.0	m	24.0	8根
5	道岔枕木3.2	m	19.2	6根
6	道岔枕木3.4	m	20.4	6根
7	道岔枕木3.6	m	18.0	5根
8	道岔枕木3.8	m	15.2	4根
9	道岔枕木4.0	m	16.0	4根
10	道岔枕木4.2	m	21.0	5根
11	道岔枕木4.4	m	17.6	4根
12	道岔枕木4.6	m	23.0	5根
13	道岔枕木4.8	m	24.0	5根

枕木材料和规格按GB 154-84的规定

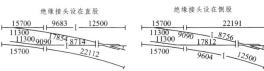

图 5.9　60 kg/m 钢轨 12 号单开道岔的总布置图

二、普通单开道岔的几何形位认知及检查

（一）各部分的轨距

单开道岔中各部分的轨距，依据机车车辆的轮对尺寸和道岔的轨距，并应在两者最不利的组合条件下进行确定。特殊部位尖轨尖端轨距见表 5.5。尖轨跟端轨距见表 5.6。

表 5.5　尖轨尖端轨距

尖轨种类	尖轨长度/mm	轨距/mm	附　注
直线型尖轨	6 250 以下	1 453	
	6 250 ~ 7 700 以下	1 450	
	7.700	1 445	
12 号道岔 AT 弹性可弯尖轨		1 437	道岔允许速度大于 120 km/h 时为 1 435 mm
其他曲线型尖轨		按标准图办理	无标准图时按设计图办理

表 5.6　尖轨跟端轨距

尖轨种类	直向/mm	翻向/mm	附　注
直线型尖轨	1 439	1 439	
12 号道岔 AT 弹性可弯尖轨	1 435	1 435	尖轨轨头刨切范围内曲股轨距构造加宽除外
其他曲线型尖轨	1 435	按标准图办理	无标准图时按设计图办理

（二）轨距递减

道岔各部轨距的递减按设计图或维修规范办理。

（三）轨距的容许偏差

任何道岔最大轨距不得超过 1 456 mm，道岔轨距的容许偏差见拓展部分，未包括内容按维修规则办理。

（四）普通单开道岔的轨距检查

普通单开道岔以道岔铺设图及设备维护单位要求为标准，轨距检查顺序一般由岔头到岔尾，逐处进行检查并填写记录，各类型道岔检查位置不一，注意区别，以下以专线 4128P60AT12 号道岔为例，共检查 18 处，在导曲线部分接头位置必须测量。如图 5.10 所示。

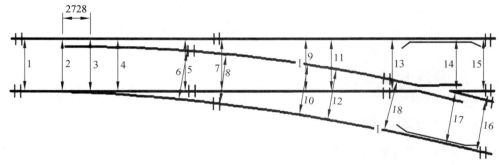

图 5.10　P60AT12 道岔轨距检查部位示意图

普通单开道岔各部分轨距及检查部位见表 5.7。

表 5.7　P60AT12 单开道岔各部分轨距及检查部位

点　号	检查部位	说　明	点　号	检查部位	说　明
1	尖轨前顺坡终点	第 4 螺栓	10	曲线中部	内配轨接头 3、4 螺栓
22	尖轨尖端	尖轨实际起点（尖端前 50～100 mm）	11	直股后部	外配轨接头 3、4 螺栓
33	尖轨中前部	距尖轨尖端 2 728 mm	12	导曲线后部	同上
44	尖轨中部	框架尺寸位置	13	直股辙叉前	辙叉 3、4 螺栓
55	尖轨跟端（直股）	第 3 螺栓	14	直股辙叉中	同时量 1 391 和 1 348
66	尖轨跟端（曲股）	同上	15	直股辙叉后	辙叉 3 螺栓
77	直股导曲线前	基本轨接头 3、4 螺栓	16	曲股辙叉后	辙叉 3 螺栓
88	导曲线前部	基本轨接头 3、4 螺栓	17	辙叉中	同时量 1 391 和 1 348
9	直股中部	内配轨接头 3、4 螺栓	18	曲股辙叉前	辙叉 3、4 螺栓

（五）单开道岔的其他几何尺寸

1. 尖轨动程

尖轨动程是指在第一连接杆（拉杆）处，尖轨与基本轨间的摆动宽度。它使具有最小内侧距和最薄轮缘厚度的轮对，在尖轨尖端处轨距最大时，能自由通过而不推挤尖轨。尖轨在第一拉杆中心处的最小动程为：AT 型弹性可弯尖轨 12 号普通道岔为 180 mm；12 号提速道岔为 160 mm；其他型号道岔按标准图或设计图办理。如图 5.11 所示。

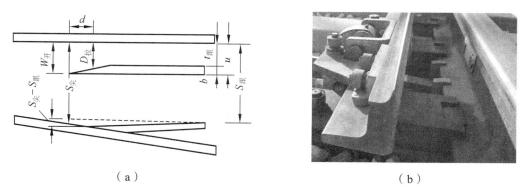

（a） （b）

图 5.11　尖轨动程

2. 辙叉查照间隔与护背距离

查照间隔与护背距离是指辙叉与护轨相互间保持着一定距离的两个控制尺寸，在辙叉心轨顶面宽 30 ~ 50 mm 范围内测量，设计图另有规定的，按设计图要求办理，如图 5.12 所示。$D_心$为查照间隔；$D_翼$为护背距离。

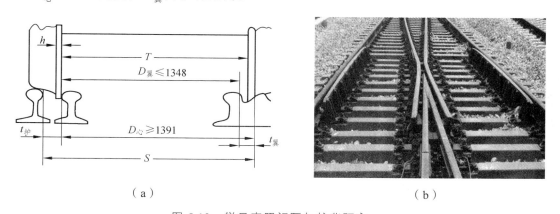

（a） （b）

图 5.12　辙叉查照间隔与护背距离

按《铁路技术管理规程》规定，$D_心$是辙叉心轨工作边至护轨头部外侧的距离，$D_心 \geqslant$ 1 391 mm；$D_翼$是翼轨工作边至护轨头部外侧的距离，$D_翼 \leqslant 1\ 348$ mm。

3. 护轨槽宽 $t_护$

护轨槽宽主要是指护轨平直段的槽宽。该槽宽的范围，是由辙叉咽喉至辙叉心轨顶面宽 50 mm 处相对应的一段长度。护轨槽宽为 42 mm，如侧向轨距为 1 441 mm 时，则侧向轮缘槽的标准宽为 48 mm。

4. 翼轨槽宽 $t_{翼}$

翼轨槽宽主要是指翼轨中部与心轨平行部分的槽宽，其范围是由辙叉理论尖端至心轨宽 50 mm 处的一段对应长度，为 46 mm。

5. 导曲线支距与超高

导曲线支距按道岔标准图或设计图设置，在导曲轨与基本轨工作边之间测量。导曲线可根据需要设置 6 mm 的超高，并在导曲线范围内按不大于 2‰顺坡。

道岔检查还包括尖轨相错量、尖轨与基本轨密贴情况、滑床板与尖轨间隙及其他部位间隙，根据不同类型的道岔需要进行检查。如图 5.13 所示。

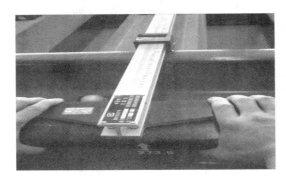　　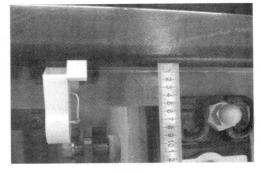

（a）　　　　　　　　　　　　　　（b）

图 5.13　道岔支距和方向检查

三、提速道岔的几何形位检查

（一）轨　距

1. 提速道岔各部分的轨距

提速道岔的各部分轨距均设计为 1 435 mm，以减少横向水平力。但曲尖轨的刨切值大于直尖轨，造成曲股轨距存在构造加宽。提速道岔尖轨轨头刨切部分的轨距值见表 5.8。

表 5.8　12 号提速道岔尖轨轨头刨切部分的轨距值　　　　　单位：mm

曲尖轨轨头宽	0	5	10	20	35	50	70
离尖轨尖端距离	0	987	1 762	2 860	4 069	5 036	6 171
直　股	1 435	1 435	1 435	1 435	1 435	1 435	1 435
曲　股	1 435	1 441	1 445	1 448	1 447	1 443	1 435

2. 可动心轨提速道岔各部分轨距的检查

普通 60 kg/m 钢轨 12 号可动心轨提速道岔的辙叉部分长度为 13 192 mm，其中长心轨长 10 796 mm。可动心轨提速道岔各部分轨距的检查地点和名称见表 5.9。

表 5.9　12 号可动心轨型提速道岔各部分轨距检查地点和名称

编　号	检查部位	说　明
1	尖轨前顺坡终点	第 1 号岔枕
2	尖轨尖端	第 5 号岔枕
3	尖轨中前部	第 12 号岔枕，曲尖轨轨头宽 35 mm 处，距离尖端 4 069 mm
4	尖轨中部	第 16 号岔枕，曲尖轨轨头刨切起点，距离尖端 6 171 mm
5	尖轨中后部	第 21 号岔枕
6	尖轨跟端直股	第 28 号岔枕
7	导曲部分直股前部	第 37 号岔枕
8	曲部部分直股后部	第 46 号岔枕
9	可动心轨辙叉直股前部	第 51 号岔枕
10	直股长心轨尖端	第 55 号岔枕（可动心轨第一牵引点）
11	直股长心轨中部	第 59 号岔枕（可动心轨第二牵引点）
12	直股长心轨中后部	第 65 号岔枕
13	直股长心轨跟端	第 72 号岔枕
14	叉跟基本轨跟端	第 72 号岔枕
15	叉跟基本轨尖端	第 65 号岔枕
16	短心轨中部	第 59 号岔枕，心轨开通曲股时丈量
17	可动心轨辙叉心轨尖端	第 55 号岔枕，心轨开通曲股时丈量，同时测量查照间隔和护背距离
18	可动心轨辙叉短心轨中部	第 51 号岔枕间，心轨开通曲股时丈量
19	导曲部分曲股后部	第 46 号岔枕
20	导曲部分曲股前部	第 37 号岔枕
21	尖轨跟端曲股	第 28 号岔枕
22	尖轨中后部曲股	第 21 号岔枕，尖轨开通曲股时丈量
23	尖轨中部曲股	第 16 号岔枕，尖轨开通曲股时丈量
24	尖轨中前部曲股	第 12 号岔枕，尖轨开通曲股时丈量

（二）提速道岔各部分的水平

水平的检查地点与轨距的检查地点相同。

（三）提速道岔导曲线的圆度

导曲线的圆度用支距检查。提速道岔导曲线支距见表 5.10。

表 5.10   12 号提速道岔导曲线支距

横距/m	0	2	4	6	8	10	12	14	14.363
支距/mm	311	401	502	615	739	875	1 023	1 181	1 211

（四）提速道岔各种轮缘槽宽度

（1）尖轨第一牵引点处的动程为（160±3）mm。

（2）尖轨第二牵引点处的动程为（75±3）mm。

（3）尖轨非作用边与基本轨作用边的距离应尽量大于 65 mm，最小不得小于 63 mm。

（4）可动心轨第一牵引点处的动程为（117±3）mm。

（5）可动心轨第二牵引点处的动程为 68 mm。

四、道岔几何尺寸允许偏差管理值

道岔几何尺寸检查允许偏差管理值及检查表格见拓展模块或铁路线路修理规则。

拓展模块

线路设备检查拓展模块主要对钢轨检查与病害处置方法、动态检查数据管理、线路设备维修评分标准等进行了介绍。

拓展模块五   线路设备检查

实作模块

实训一   普通轨距尺的检查与校正

对一把普通轨距尺进行轨距、水平检查与校正，掌握轨距尺的检查与校正方法。

实训二   电子轨距尺（或轨道检查仪）使用

利用电子轨距尺对 50 m 直线线路进行检查，储存、导出数据并进行分析，掌握电子轨距尺使用方法。

实训指导书五

实训三　轨道伤损检查

掌握轨枕、联结零件伤损、钢轨磨耗的判定方法。要求对指定钢轨范围内联接零件、轨枕的伤损情况、钢轨磨耗情况进行调查并做记录。

实训四　普通单开道岔几何尺寸检查

掌握普通单开道岔轨距、水平、查照间隔、护背距离和导曲线支距的检查方法。

实训五　提速道岔几何尺寸检查

掌握可动心轨单开道岔轨距、水平、查照间隔和导曲线支距的检查方法。

应知应会

1. 简述静态检查前为什么要对计量工具进行检查。
2. 简述动态检测报告内容对线路维修的指导作用。
3. 简述普通单开道岔各项检测指标对行车的影响。
4. 简述提速道岔各项检测指标对行车的影响。

项目六　轨道铺设施工

知识点一　普通轨道铺设施工

有缝轨道铺设按施工方法分为人工铺轨和机械铺轨，根据现场施工条件及工程量选取，如图 6.1、图 6.2 所示。

图 6.1　人工铺轨　　　　　　　　　　　图 6.2　机械铺轨

一、铺轨准备工作

（一）设计文件准备

施工前，应具有经批准的施工设计文件。由业主组织设计企业参与施工方进行设计交底，各参与方进行设计文件审核，检查设计文件错误和遗漏问题。

（二）技术准备

1. 工程数据计算

通过计算工程量发现设计存在的问题或错、漏项，为施工提供数据支撑。

2. 施工测量和施工放样

通过线路复测对路基中线及水准基线进行一次全面的符合性测量。通过施工放样为施工提供数据支撑。施工测量与施工放样应符合铁路工程测量规范要求。如图6.3所示。

3. 施工调查及施工组织设计

施工前应针对施工场地、大型临时或过渡工程的情况，管线、房屋等障碍物，材料的供应和运输，堆存材料场地，沿线水源、电源情况，劳力和机具设备情况等内容进行施工调查。铺轨前应编制实施性施工方案或施工组织设计，其内容应符合相关规范要求。如图6.4所示。

图 6.3 施工测量

图 6.4 施工调查

4. 施工技术交底

施工前应就工程情况、工程量、工期等目标措施、工艺流程进行总体技术交底。每一项工程开工前应就施工图纸、施工方法及工艺技术标准等内容进行分项工程技术交底、书面交底并办好签认手续。

（三）物资设备与试验检测准备

根据材料、设备的需求计划，落实钢轨、轨枕、钢轨配件和道砟等物资采购供应，并对铺轨材料试验进行检测，如图6.5所示。

（四）铺轨基地

铺轨基地是新建铁路机械铺轨的一项临时性工程，是铺轨材料的装卸、存放、轨料加工以及轨排组装、列车编组、发送的场所，是铺轨工程的后方基地，如图6.6所示。

图 6.5　轨枕检测

图 6.6　铺轨基地

二、人工铺轨

人工铺轨是将铺轨材料运到铺轨现场并就地连接铺成轨道，主要适用于不适宜机械铺轨地段、站线和铺轨工程量小的便线、专用线和既有线的局部平面改建，其铺轨施工工艺流程如图 6.7 所示。

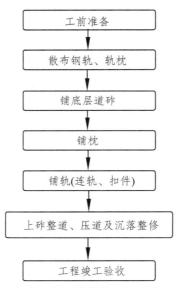

工前准备

↓

散布钢轨、轨枕

↓

铺底层道砟

↓

铺枕

↓

铺轨(连轨、扣件)

↓

上砟整道、压道及沉落整修

↓

工程竣工验收

图 6.7　人工铺轨施工工艺流程

（一）工前准备

1. 技术准备

根据设计规定编制施工资料（钢轨铺设图表）并向作业人员进行交底。

2. 料具准备

根据轨节表限额领用线上料，注意曲线缩短轨和轨道加强地段的轨枕的规格、数量。

根据作业内容准备好线路基本作业工、机、用具和常耗品，如图 6.8 所示。

（a）

（b）

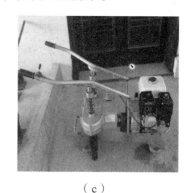
（c）

图 6.8　常用铺轨工具

（二）散布钢轨、倒运轨枕及备砟

1. 散布钢轨

在备料场丈量好钢轨，选用长度偏差相同的钢轨配对，按铺设顺序成对装车。人工搬运钢轨距离不宜大于 50 m。

2. 倒运轨枕及备砟

按照铺枕标准，将轨枕配足、运到位。倒运轨枕最好与备砟同时进行，根据道砟用量分段计算好，将道砟全部运上路基堆在路基上备齐。如图 6.9～6.11 所示。

图 6.9　散布钢轨

图 6.10　轨道吊卸轨枕

图 6.11　备砟

（三）铺底层道砟

底砟顶面标高按设计轨顶标高推算的枕底标高降低 3 cm 来控制。

（四）铺　枕

道床底砟就位即可散布轨枕，布枕时对准线路中线。轨枕应正位，并与轨道中线垂直。不同类型轨枕铺设和铺设误差应符合施工规范，如图 6.12 所示。

（五）铺　轨

（1）将钢轨依次翻放到轨枕承轨槽上，注意利用钢轨的公差配对或前后调换消除接头偏差。必须按规定预留轨缝，注意钢轨接头相错量的控制，必须符合施工规范要求。

（2）钢轨接头钢轨端部和连接配件应涂油，垫圈开口朝下。接头螺栓力矩应符合规范要求。如图 6.13 所示。

图 6.12　铺枕

图 6.13　钢轨连接

（3）轨排扣件零件应安装齐全、位置正确，扣件应涂油，扭矩符合规范要求。应以校正好的一股钢轨为准（曲线以外股为准），用轨距尺按规定的轨距调整另一股钢轨位置。

（4）铺轨后进行方正轨枕作业，补足并紧固配件和扣件，拨顺轨道方向，串实承轨处的枕下道砟，消灭反超高和三角坑，轨道几何尺寸应能满足工程车进场运料需要。

（六）铺砟整道

铺轨后应及时进行第一次上砟整道，轨道应逐步整正，整正标准应符合规范要求。上砟时道砟应散布均匀，如图 6.14 所示。在钢轨两侧规定的范围内均匀捣固，钢轨接头处和曲线外股应加强捣固道床，符合大型机械入场作业标准，如图 6.15 所示。

图 6.14　卸道砟

图 6.15　手持捣镐捣固

第二次上砟整道时应以水平桩为准，大机配砟整形、捣固、稳定机作业，如图 6.16~6.18 所示。轨道几何尺寸应符合设计要求和规范标准。经过两次上砟整道后，在竣工验收之前进行一次全面整道工作，完成调整轨道细部尺寸、补充道砟、拧紧螺栓等内容，达到验收标准。

（七）压道及沉落整修

全面整道后的轨道，根据需要安排列车或单机压道，如图 6.18 所示。铁路的正线，压道次数不少于 50 次。经过压道的轨道应无明显变形。

图 6.16　道床整理作业

图 6.17　捣固稳定作业

图 6.18　机车压道作业

（八）工程验收

轨道工程施工完毕，经过竣工验收合格后，方准正式开通使用。国际铁路具体验收办法，按照铁路建设业主、铁路运营企业、铁路施工企业约定好的办法进行。

三、机械铺轨

机械铺轨是将铺轨材料在铺轨基地组成轨排运到铺轨现场连接铺成轨道，其施工工艺流程如图 6.19 所示。

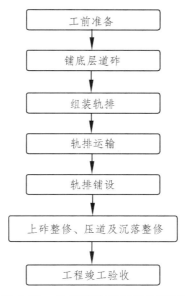

图 6.19　机械铺轨施工工艺流程

（一）工前准备

工前准备与人工铺轨不同的是需要建设铺轨基地。

（二）轨排组装

轨排组装是在铺轨基地将钢轨、轨枕用配件、零件组装成轨排的工作过程，为前方铺轨工地服务。轨排组装同人工铺轨类似，组装完成后按顺序装车。如图6.20、图6.21所示。

图6.20　组装轨排

图6.21　轨排吊装

（三）轨排运输

利用滚筒车或平板车将轨排从轨排组装基地到铺轨工地的运输，是前方铺轨工地不间断地进行铺轨的重要保证，如图6.22所示。

（四）轨排铺设

新建铁路大多采用铺轨机铺设轨排或放送车放送钢轨，也可以采用龙门架铺轨。轨排车喂送轨排进铺轨机，由铺轨机吊装就位，如图6.23所示。

图6.22　轨排运送

图6.23　轨排铺设

（五）铺砟整道及后续工作

上砟整道过程及其后续过程与人工铺轨类似，在此不再赘述。

知识点二 无缝轨道铺设施工

将标准无孔轨在焊轨厂内用接触焊等方法焊接成长轨条，然后用运轨列车将长轨条运至铺设现场，在工地将各段长轨条焊接成设计长度，在设计锁定轨温范围内进行锁定，即完成无缝线路的铺设。无缝线路及其铺设如图6.24、图6.25所示。

图 6.24 无缝线路无砟轨道

图 6.25 无缝线路铺设

一、长轨条焊接

钢轨焊接是无缝线路的关键技术，焊缝几何外形尺寸的平顺和内部质量是无缝线路质量的关键，焊接接头是无缝线路的薄弱环节。无缝线路钢轨焊接有铝热焊法、接触焊法等方法，接触焊是目前钢轨焊接的主流方法。

（一）接触焊（闪光焊）

接触焊是根据电流热效应原理，利用强大电流通过钢轨（电阻大）时所产生的大量热能加热轨端至塑性状态，再经顶锻挤压以达到焊接目的。接触焊可分为工厂固定式闪光焊接、线上移动式闪光焊接。如图6.26、图6.27所示。

图 6.26 工厂固定焊

图 6.27 线上流动焊

接触焊包括打磨除锈、对轨焊接、焊缝推平、轨缝打磨（粗、精磨）、平直度检查（矫正）、超声波探伤等工艺，如图 6.28 ~ 6.33 所示。

图 6.28　打磨除锈

图 6.29　对轨焊接

图 6.30　焊缝推平

图 6.31　焊缝打磨

图 6.32　平直度检查（矫正）

图 6.33　焊缝探伤

（二）铝热焊

铝热焊以氧化铁为氧化剂，以铝粉为还原剂的热剂焊由金属铝、氧化铁、铁合金及铁钉屑按一定比例配成而成。焊接时金属还原，同时放出一定的热量，将金属熔化成铁水，浇铸施焊。工艺流程为：制作砂型→切轨→对轨→扣箱及封箱→坩埚装料及安放支架→预热→浇铸→保温→推凸除瘤→打磨→正火→焊接成品的检验。如图 6.34 ~ 6.42 所示。

图 6.34　打磨除锈

图 6.35　对轨

图 6.36　装箱、封箱

图 6.37　预热

图 6.38　浇筑

图 6.39　推凸

图 6.40　打磨

图 6.41　平直度检查

图 6.42　焊缝探伤

二、长轨条的铺设

（一）长轨条的运输

　　工厂焊好的长轨条（200～500 m），用专用的宿营车、发电车、安全车、运轨车、锁定车、作业首车、作业中车、作业尾车等组成运轨列车运至铺轨现场铺设，如图 6.43 所示。

（二）无缝线路的铺设

　　1. 有砟轨道工具轨换铺法

　　先用工具轨组装临时轨排铺轨，再将焊接长轨换下工具轨，将工具轨回收送轨排基地，进行下一循环，类似于机械铺轨工艺，差别是换轨过程，如图 6.44、图 6.45 所示。

图 6.43　长轨装车及运输

图 6.44　换轨车换铺长轨

图 6.45　回收钢轨

2. 有砟轨道长轨放（推）送法

先铺设轨枕，再将焊接长轨运至现场，利用长轨放送车或推送车将焊接的长轨一次卸车入槽。与工具轨换铺法不同，长轨放（推）送法可以选择不用工具轨，长轨放送时，沿铺好的轨枕承轨槽往前放送，所需工具轨极少，可组织多点平行铺道砟、轨枕，方式灵活，如图 6.46 ~ 6.48 所示。

图 6.46　铺设轨枕

图 6.47　推送长轨

图 6.48　连接整道

3. 有砟轨道单枕连续一次铺设法

利用钢轨铺设和轨枕布设一体机（如 CPG500 铺轨机组）单枕连续一次铺设，自动布枕机将轨枕放置在路基上，铺轨机将钢轨抬起放置在轨枕上，并调至 1 435 mm 的轨距，跟车的工人在轨枕上放橡胶垫、上螺帽、拧紧，如图 6.49 ~ 6.51 所示。

图 6.49　双层轨枕转移车

图 6.50　布枕并调整轨枕间隔

图 6.51　长钢轨入承轨槽

4. 无砟轨道无缝线路施工

先按设计图混凝土底座、弹性垫层、轨枕板吊装、轨枕板粗调、轨枕板精调、灌注自密实混凝土压实、取模等工艺施工板式无砟道床。下一地段同法施工道床，最后再集中铺设长轨。铺设长工艺流程与前述的有砟轨道推送法类似，不再赘述。板式无砟道床的主要工艺流程如图 6.52～6.57 所示。

图 6.52　底座施工

图 6.53　弹性垫层

图 6.54　轨枕板吊装

图 6.55　轨道板粗调

图 6.56　轨道板精调

图 6.57　自密实混凝土灌注及压实

5. 无缝道岔的铺设与焊接要求

无缝道岔是跨区间无缝线路的关键技术，施工过程中对锁定轨温及施工方法要求高。道岔接头中轨道电路有需要绝缘的，采用胶接绝缘接头，如图 6.58、图 6.59 所示。

图 6.58　道岔焊接

图 6.59　无缝道岔

三、无缝线路应力放散施工

应力放散就是释放长轨条内积存的温度力，恢复其原来铺设时的无应力状态或设计锁定轨温，也就是在设计锁定轨温范围内，将无缝线路的扣件、防爬器全部或部分松开，采取措施使长轨尽量自由伸缩，在达到预计的伸缩量（或轨温）时，重新锁定线路。根据无缝线路维修规范判定是否需要进行应力放散。

（一）无缝线路应力放散基础

由于列车的冲击震动和维护作业的影响，线路的原锁定轨温会发生不同程度的变化。可根据观测钢轨的位移方向和位移数值分析锁定轨温是否变化。观察钢轨位移与应力放散量的计算方法，见相关维修规范。

（二）应力放散的方法

应力放散的方法主要有滚筒配合撞轨法和滚筒结合拉伸配合撞轨法两种。

1. 滚筒配合撞轨法

将长轨一端固定，松开另一端接头、中间扣件及防爬设备，每隔一段距离（一般 10～15 m）在长轨轨底垫入滚筒，辅之敲击或撞击钢轨，使钢轨自由伸缩。当达到预计放散量（或轨温）时，视伸长或缩短采取切锯或更换缓冲轨，然后锁定线路、焊接长轨，如图 6.60 所示。该方法适用于放散时的自然轨温在设计锁定轨温铺设范围之内的情况。

（a）　　　　　　　　　　（b）　　　　　　　　　　（c）

图 6.60　松紧扣件、撞轨、切锯钢轨

2. 滚筒结合拉伸配合撞轨法

将长钢轨一端固定，松开另一端接头和中间扣件，在滚筒放散的基础上，先将钢轨放至"零应力"状态，然后在轨端对钢轨进行张拉，可辅以撞轨器。应使钢轨的伸长量适当超过计算的放散量，然后开始线路锁定。该方法放散均匀，因拉伸器的拉力很大，可以节省人力，缩短放散时间，适用于放散时的自然轨温低于设计锁定轨温铺设范围的情况。如图 6.61 所示。

|（a）|（b）|（c）|

图 6.61　撞轨、钢轨拉伸

知识点三　单开道岔铺设施工

铁路线路中单开道岔是其中应用最为广泛的，这里介绍具有代表性的新线铺设道岔与营业线新增道岔或整组更换道岔施工。

一、新线铺设单开道岔

在新建铁路线上铺设道岔，有人工铺设与机械铺设两种方法。由于道岔铺设机械施工应用比较烦琐，这里只介绍人工铺设。

人工铺设道岔可分为准备工作、基本工作和检查整理工作等三个阶段或工作过程。下面以人工铺设混凝土岔枕道岔为例，说明其铺设过程。

（一）准备工作

准备和熟悉道岔铺设施工图，计算道岔前后的连接钢轨长度，准备铺轨工具和轨料。

（二）铺设工艺流程

施工放样，按照铺设图，测设道岔主要点（道岔前、道岔后、道岔心）中心桩及水平桩。铺设岔枕、散布轨料、铺装轨道、道岔上砟整道。整道完成后检查细节和外观使道岔铺设质量达到验收水平。如图 6.62 ~ 6.67 所示。

图 6.62　岔位放样

图 6.63　铺岔枕（直股对齐）

图 6.64　铺轨（先直后弯）

图 6.65　钢轨连接

图 6.66　几何尺寸调整

图 6.67　捣固整道

二、运营线新增或更换单开道岔施工

运营线路上铺设道岔施工首先要考虑降低施工对运输的影响，其次还要考虑行车安全问题。根据施工和更换设备的程度，可分为道岔整组及局部施工与更换两大类。以下重点介绍整组道岔预铺移设施工工艺。

（1）准备工作：准确测量道岔桩位、布置预铺场地。

（2）整组预铺新道岔：预铺场地可以在暂时停用的既有线上，或在线路一侧，或跨越线路预铺。尽量与新铺道岔位置平行，减少纵向移动距离，如图 6.68 所示。铺设方法类似人工铺设道岔。

（a）停用线路上 （b）线路一侧 （c）跨线铺设

图 6.68 道岔预铺位置

（3）设置滑移系统一般采用钢轨做滑道，滑道长度、数量、坡度、光滑程度应足够支撑预铺道岔沿推进方向前进。安装前先安装液压起重系统，提升道岔高度以便于滑移系统的安装与调整，如图 6.69 所示。

（a） （b） （c）

图 6.69 安装液压起重系统和滑移系统

（4）铁路线路封锁停运前列车慢行期间，在确保安全的情况下做好拆除部分旧轨道、清理障碍物等准备工作。

（5）封锁线路列车停运后，按安全规定做好防护后，拆除待换的旧道岔或线路；推移新道岔到达新岔位，落入预定位置；道岔与线路连接纵向合龙到位，横向大方向到位；撤出滑道，回填道砟，整修线路；调整道岔细部、全面整道，检查、开通线路，如图 6.70 ~6.77 所示。

图 6.70 拆除旧线 图 6.71 纵向移动道岔 图 6.72 横向移动道岔

图 6.73　道岔就位　　　　　图 6.74　连接前后线路　　　　图 6.75　捣固整道

图 6.76　整理细部　　　　　　　　　　图 6.77　开通线路

拓展模块

　　轨道铺设施工拓展模块主要对硫磺锚固工艺、轨排组装基地、应力放散及其计算方法等内容进行了介绍。

拓展模块六　轨道铺设施工

实作模块

　　实训一　轨道（计算）调查

　　掌握轨道构造组成及轨节表的编制，会计算轨道零配件数量。要求对指定范围内（50 m 或配合道岔）的线路轨道进行调查，并将轨料情况填写进轨节表，同时计算轨料数量。

实训指导书六

　　实训二　方正（调整间距）轨枕

　　掌握有缝线路轨枕间隔数据查找及划分方法，能进行混凝土枕方正作业。要求划分出一对轨的轨枕间隔，找出轨枕间隔有问题处所（或新铺），消灭轨枕间距不合格以及轨枕偏斜。

实训三　轨道铺设工具的使用

掌握轨道内燃机动扳手使用。用轨道内燃机动扳手松紧一段线路扣件。

实训四　钢轨平直度检查

掌握钢轨平直度检查尺（仪）的使用。利用钢轨平直度检查仪对焊缝处、硬弯处进行平直度检查。

应知应会

1. 理解人工铺轨与机械铺轨的区别及适用范围。

2. 简述长轨条的焊接方法。

3. 简述无缝线路的铺设工艺流程。

4. 简述人工铺设单开道岔的基本作业过程。

5. 简述整组预铺移设更换道岔的主要施工步骤。

项目七 轨道设备维修

主要内容与学习目标

本项目主要介绍铁路线路维修组织、基本作业流程与方法、曲线整正等内容，通过学习掌握铁路线路维修的基本技能和基础知识。

理论模块

知识点一　线路设备维修的基本知识

知识点二　线路维修的基本作业

知识点三　曲线线路整正作业

知识点四　不同轨道类型的维护

知识点一　线路设备维修的基本知识

一、线路设备大修

线路设备维修分为大修和维修，大修的基本任务是根据运输需要及线路设备损耗规律，有计划、按周期地对线路设备进行更新和修理，恢复和提高线路设备强度，增强轨道承载能力，其主要工作内容如图 7.1 ~ 7.4 所示。线路设备大修周期及项目验收办法以《铁路线路修理规则》为准。

（a）　　　　　　　　　　（b）　　　　　　　　　　（c）

图 7.1　钢轨大修（换轨、打磨）

（a）　　　　　　　　　　　　（b）　　　　　　　　　　　　（c）

图 7.2　道岔大修（换道岔）

（a）　　　　　　　　　　　　（b）　　　　　　　　　　　　（c）

图 7.3　轨枕大修

（a）清筛　　　　　　　　　　（b）整形　　　　　　　　　　（c）捣固

图 7.4　道床大修

二、线路设备维修

线路设备维修是在线路大、中修的间隔时期内，对线路设备进行计划维修与临时补修，目的是根据线路设备变化规律，有效预防和整治线路病害。

（一）计划维修基本内容

计划维修主要内容有大型养路机械维修、钢轨打磨车维修、高铁轨道精调、无砟道床修理等内容，如图 7.5 ~ 7.7 所示。

（a）大机维修　　　　　　（b）钢轨打磨　　　　　　（c）道床病害整治

图 7.5　大型养路机械捣固维修

（a）新铺钢轨预打磨　　　（b）周期预防打磨　　　　（c）修理性病害打磨

图 7.6　钢轨打磨列车打磨

（a）无砟轨道精调　　　　（b）有砟轨道精调　　　　（c）无砟轨道道床修理

图 7.7　轨道精调与道床修理

（二）临时补修主要内容

临时补修是指以小型养路机械为主要作业设备，及时对线路几何尺寸超过临时补修容许偏差管理值及其他不良处所进行的临时性整修，以保证行车安全和平稳，主要内容如图7.8 所示。

（a）轨枕板局部修补　　　（b）轨道几何尺寸超限整治　　　（c）轨道零部件修理

图 7.8　临时补修

三、线路设备维修管理体系与组织

各国设备维修组织与体系不同，这里介绍中国铁路运营企业线路设备维修组织与体系。

中国铁路运营维护企业下设工电部作为业务管理部门，实行工务段（工电段）、车间、工区等多级管理体系。工务段的管辖正线线路延展长度不宜超过 1 500 km，线路维修车间正线延展长度单线以 60～80 km 为宜，双线以 100～120 km 为宜。

根据分工不同，工务段下设安全生产调度指挥中心、线路车间、重点维修车间、综合机修车间、探伤车间等。线路维修车间下设检查工区、维修工区、线路工区。工务机械段负责大型养路机械作业项目。

知识点二　线路维修的基本作业

通过线路设备检查分析出线路病害后，必须采取相应的措施进行整治，延长设备寿命，确保列车运行安全。线路作业是由许多单项作业组成，包括起道、拨道、捣固、改道等线路基本作业和其他主要作业。

一、线路设备维修人员作业标准化

线路设备维修作业须贯彻作业标准化，符合铁路工务安全规则规定，线路设备维修人员一日作业标准化，如图7.9~7.14所示。

图 7.9　点名分工

图 7.10　高铁维修入网前确认

图 7.11　行走上、下班符合规定

图 7.12　普速铁路作业中避车

图 7.13　作业中的安全防护

图 7.14　质量检查

二、线路基本作业

（一）起道作业

起道作业是用起道器将轨道抬起一定高度的作业，其后一般紧跟着要进行捣固作业，可解决轨道高低、水平指标不良等病害，提高轨面标高，保证道床厚度。起道作业可分为垫砟和垫板两种方式。

（1）准备工作：准备起道机、捣固镐、轨距尺等工具、量具，如图7.15所示。

（a）起道机

（b）捣固镐

（c）轨距尺

图 7.15　作业工具和量具

（2）根据动态或静态检查结果找到轨道高低、水平不良处所，划定起道范围，如图 7.16所示。

（a）

（b）

（c）

图 7.16　查找病害，划定起道范围

（3）指挥起道（距离起道地点 20 m 以上）、安装起道器、先起标准股；再用轨距尺控制起对面股。可采用目测结合弦线控制起道高度，高速铁路上采用水准仪测量精调，如图7.17 所示。

（a）

（b）

（c）

图 7.17　起道作业

（4）起道完成后捣固密实，如图 7.18 所示。起道量小或无砟道床采用垫板起道的方式，即将钢轨抬起通过改变轨底垫板厚度调整轨道的水平和高低，如图 7.19 所示。

	（a）	（b）
图 7.18　起道完成捣固密实	图 7.19　垫板起道	

（5）大型养路机械，整治轨向高低。输入线路几何尺寸参数，由大型机械自动完成起道、捣固、稳定等工序，如图 7.20 所示。

（a）　　　　　　　　　　（b）　　　　　　　　　　（c）

图 7.20　大型机械完成起道、捣固和稳定

起道（垫板）作业过程必须按《铁路线路修理规程》和《铁路工务安全规则》的规定，作业质量达到放行列车条件。

（二）捣固作业

捣固作业为使用机具、大型养路机械将轨道轨枕下的石砟打实或者抬高后打实的作业，多数为紧跟着起道作业进行，是线路作业中体能要求较高的作业。整治线路水平、三角坑及高低超限处所、线路暗坑、吊板和低接头等病害以及其他需要捣实枕底道床的作业。捣固工具如图 7.21 所示。

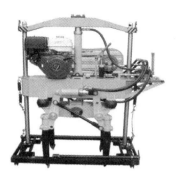

（a）小型液压捣固机 （b）内燃捣固镐 （c）小型液压捣固机

图 7.21 捣固工具

（三）拨道作业

拨道是使用撬棍或起道器将钢轨和轨枕一起横向移动至一定位置的作业，目的是拨直线路轨向或曲线地段按计算出的拨道量拨顺曲线轨向。拨道量及安全规定应符合规范要求。

（1）准备工作：准备拨道器等工具及弦线或轨道精测仪器等量具，如图 7.22 所示。

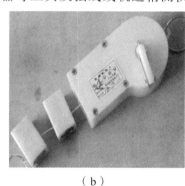

（a） （b） （c）

图 7.22 器具准备

（2）通过目测结合弦线、轨道精测找出轨道方向不良处，划定拨道范围，指挥拨道，如图 7.23 所示。

（a） （b） （c）

图 7.23 作业准备

（3）拨道作业，工作量小用拨道器进行，工作量大用大型机械整理轨道平顺性。作业过程中需要扒开道砟安装拨道器，清理轨枕头部道砟，减少阻力。如图7.24所示。

（a）

（b）

（c）

图 7.24 拨道作业

（4）高铁无砟轨道利用扣件调整轨向，作业结束后进行质量检查，并恢复道床。如图7.25、图7.26所示。

（a）

（b）

图 7.25 无砟轨道调整轨向　　　　图 7.26 作业质量检查，恢复道床

（四）改道作业

改道作业是按规定的轨距值以其中一股为标准股改动另一股钢轨位置的作业，主要目的是消除轨距超限，改正轨道不良小轨向，整治扣件病害。改道量及安全规定应符合规范要求。

（1）用改道器、轨距尺或轨道检查仪检查线路找出轨距不良处，划定改道范围。范围要考虑前后线路轨距变化率满足要求，如图7.27所示。

（a）

（b）

（c）

图 7.27　作业准备

（2）选择轨向相对好的一股作为标准股，改对面股；松开扣件、安装改道器，用轨距尺控制改道量；更换轨距挡板型号，使扣件密贴。如图 7.28 所示。

（a）

（b）

（c）

图 7.28　改道作业

（3）拧紧螺栓，检查扭矩、轨距等作业质量。如图 7.29 所示。

（a）

（b）

（c）

图 7.29　作业检查

（五）单根钢轨更换作业

有缝轨道伤损钢轨更换或无缝线路伤损钢轨处理都需要进行单根钢轨更换作业。人工单根更换钢轨作业是对安全要求比较高的技能，作业前一定需要了解安全知识。作业过程如图 7.30 ~ 7.34 所示。

图 7.30　运送钢轨（不宜超过 50 m）

图 7.31　拆卸扣件

图 7.32　拆除钢轨

图 7.33　新钢轨安装

图 7.34　连接上紧扣件或焊接

（六）安装、更换钢轨接头夹板作业

钢轨接头和扣件更换是线路维修常用的基本技能，改道、更换伤损零配件等经常用到，作业过程中需注意安全和质量检查。拆装过程如图 7.35 ~ 7.39 所示。

图 7.35　拆扣件

图 7.36　拆卸夹板

图 7.37　钢轨与夹板接触面、
　　　　　轨端、扣件涂油

（a）夹板安装　　　　　（b）螺栓拧紧顺序

图 7.38　安装新夹板　　　　　　　　图 7.39　质量检查（扭矩、轨距）

（七）单根更换混凝土枕

　　轨枕出现严重损伤或已失效时需要进行更换，大量更换采用机械作业，少量单根抽换采用人工作业。作业质量和安全符合规范要求，其过程如图 7.40、图 7.41 所示。

（a）抽出旧枕　　　　　（b）穿入新枕

图 7.40　拆开扣件　　　　　　　　　图 7.41　更换混凝土枕

知识点三　曲线线路整正作业

一、曲线方向整正的基础

　　（1）当拨动 n 点时，n 点前后的测点 $n-1$ 点及 $n+1$ 点要受其影响而发生移动，当 n 点向外的拨量为 e_n 时，其前后两测点的正矢 f_{n+1} 及 f_{n-1} 将各减少 $e_n/2$；反之，其前后两测点的正矢将各增加 $e_n/2$，如图 7.42 所示。

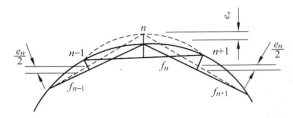

图 7.42 某测点拨动后相邻测点正矢变化示意图

（2）各测点的正矢差的合计数以及各点正矢差累计数的合计数为零。拨动前各测点的正矢和恒等于曲线拨动后各测点的正矢和。

（3）在曲线整正计算中，对诸如桥梁（无砟桥）、隧道、道口、信号机等处所，应满足这些控制点建筑限界要求。

二、实测曲线现场正矢

曲线上各测点的现场实测正矢是对曲线现状的反映，也是曲线方向整正计算的原始数据。在外股钢轨上用钢尺丈量，每 10 m 设置一个测点，用 20 m 弦线测量（同轨向测量方法）现场正矢，应测量 3 次取平均值。与计划正矢（理论正矢）做对比得其偏差，其允许偏差见拓展模块。如图 7.43、图 7.44 所示。

图 7.43 现场正矢测量

图 7.44 曲线标志

三、曲线轨道拨量计算

（一）点号差法各测点拨量的计算

计算过程如表 7.1 所示。（建议使用计算机程序计算）

第一到第三栏：分别填入各测点点号、现场正矢、计划正矢（计算得到）。

第四栏：某测点正矢差 = 该点现场正矢 – 该点计划正矢。

第五栏：某测点的正矢差累计 = 该点正矢差 + 前点正矢差累计。

第六栏：半拨量第一点为零，第二点 = 第一点半拨量 + 第一点正矢差累计，依次类推。

第七栏：根据正式差累计合计数，如该数为正时，先在某一点号修正先正后负，通过在一对相距为 N 点号的测点上，各调整 1 mm 的计划正矢，$1 \times N$（mm）= 正矢差累计和。$1 \times N_1$（mm）+ $1 \times N_2$（mm）= 正矢差累计和。

第八栏：第三栏 + 第七栏。

第九栏：第二栏 – 第八栏。

第十栏类同第五栏。

第十一栏：前点正矢差累计 + 前点半拨量。

第十二栏：该测点修正后半拨量 ×2。

第十三栏：某测点的拨后正矢 = 该点现场正矢 + 该点拨量 $-\dfrac{前点拨量 + 后点拨量}{2}$。

表 7.1 曲线整正计算表

测点	现场正矢	计划正矢	正矢差	正矢差累计	半拨量	计划正矢修正	修正后计划正矢	修正后正矢差	修正后正矢差累计	修正后半拨量	拨量	拨后正矢	备注
一	二	三	四	五	六	七	八	九	十	十一	十二	十三	
1	0	1	−1	−1	0		1	−1	−1	0	0	1	ZH=1.132 2
2	7	5	2	1	−1		5	2	1	−1	−2	5	
3	14	12	2	3	0		12	2	3	0	0	12	
4	15	18	−3	0	3		18	−3	0	3	6	18	
5	27	24	3	3	3		24	3	3	3	6	24	
6	26	30	−4	−1	6	1	31	−5	−2	6	12	31	
7	40	37	3	2	5		37	3	1	4	8	37	
8	41	43	−2	0	7		43	−2	−1	5	10	43	
9	52	48	4	4	7	1	49	3	2	4	8	49	HY=9.132 2
10	47	50	−3	1	11		50	−3	−1	6	12	50	
11	55	50	5	6	12		50	5	4	5	10	50	
12	42	50	−8	−2	18		50	−8	−4	9	18	50	
13	52	50	2	0	16		50	2	−2	5	10	50	
14	51	50	1	1	16		50	1	−1	3	6	50	
15	51	50	1	2	17	−1	49	2	1	2	4	49	
16	46	50	−4	−2	19		50	−4	−3	3	6	50	
17	54	50	4	2	17		50	4	1	0	0	50	
18	52	50	2	4	19		50	2	3	1	2	50	

测 点	现场正矢	计划正矢	正矢差	正矢差累计	半拨量	计划正矢修正	修正后计划正矢	修正后正矢差	修正后正矢差累计	修正后半拨量	拨 量	拨后正矢	备 注
一	二	三	四	五	六	七	八	九	十	十一	十二	十三	
19	39	48	−9	−5	23		48	−9	−6	4	8	48	YH=18.867 8
20	50	43	7	2	18	−1	42	8	2	−2	−4	42	
21	33	37	−4	−2	20		37	−4	−2	0	0	37	
22	35	30	5	3	18		30	5	3	−2	−4	30	
23	19	24	−5	−2	21		24	−5	−2	1	2	24	
24	21	18	3	1	19		18	3	1	−1	−2	18	
25	11	12	−1	0	20		12	−1	0	0	0	12	
26	5	5	0	0	20		5	0	0	0	0	5	
27	1	1	0	0	20		1	0	0	0	0	1	HZ=26.867 8
Σ	886	886	0	20			886	0	0			886	

（二）曲线轨道整正方案评价

拨量计算完成后，要评价曲线轨道整正方案，主要考虑以下两点：

（1）具有正拨量的测点与具有负拨量的测点相互间隔，且整个曲线的正拨量与负拨量相差不多。这样不但能使全曲线的轨缝合计无较大的改变，而且局部曲线的轨缝也不会有较大的变化，既有利于拨道，又可以减少拨道后调整超限轨缝的作业。

（2）各测点的拨量都不大。拨量小的拨道作业较易进行，而且动道范围不大，对道床作业有利。

（三）曲线轨道整正现场作业

拨量计算完成后，要进行现场整正作业（流程同拨道作业），注意每次曲线拨道不超过20 mm，随时控制拨道量。无缝线路要求见后续内容。

知识点四　不同轨道类型的维护

一、道岔的维护

道岔的构造复杂，零部件多，易于变形、磨耗，造成病害，道岔是铁路线路的三大薄弱环节之一。随着列车过岔速度的提高，对道岔维护提出了更高的要求。

（一）道岔主要病害

道岔主要病害有水平不良、方向不良、导曲线病害、辙叉病害等特有病害类型。如图7.45～7.49所示。

（a）

（b）

图 7.45　接头上拱和道床下沉引起水平不良

图 7.46　衔接不良引起轨向不良

图 7.47　辙叉磨耗

图 7.48　尖轨磨耗轧伤

图 7.49　辙叉心沉落

（二）道岔的维护

在道岔维护作业中，要结合道岔的构造特点，根据其技术标准和维修要求，进行详细的调查和分析，采取有针对性的维护。

1. 道岔水平和前后高低的维护

道岔起道与捣固：要捣固密实，保证四股钢轨平齐，在一水平面上。如图7.50所示。

（a）

（b）

图 7.50　道岔水平和前后高低的维护

2. 道岔方向和轨距的维护

道岔改道、拨道：保证前后衔接顺直，改道保证道岔结构的相对尺寸。如图 7.51 所示。

（a）

（b）

图 7.51　道岔方向和轨距的维护

3. 尖轨的维护

道岔尖轨不密贴、扳动不灵活等病害整治：注意与电务专业联合整治。如图 7.52 所示。

（a）

（b）

（c）

图 7.52　尖轨的维护

4. 两处特殊曲线的维护

导曲线和岔后曲线整治：调整支距要注意道岔结构相对尺寸，加强连接曲线保养。如图 7.53 所示。

（a） （b） （c）

图 7.53　两处特殊曲线的维护

二、无缝线路的维护

无缝线路内部承受着巨大的温度力，因此控制轨温作业条件成为确保其强度与稳定关键。

1. 轨温条件

混凝土枕（含混凝土宽枕）无缝线路维修作业轨温条件如表 7.2 所示，其余作业项目轨温条件见拓展模块或参照修理规则执行。

表 7.2　混凝土枕无缝线路维修作业轨温条件

线　　路	作业项目		
	连续扒开道床不超过 25 m，起道高度不超过 30 mm，拨道量不超过 10 mm	连续扒开道床不超过 50 m，起道高度不超过 40 mm，拨道量不超过 20 mm	扒道床、起道、拨道与普通线路相同
直线及 $R \geqslant 2\,000$ m	+ 20 ℃	+ 15 ℃、− 20 ℃	± 10 ℃
800 m ≤ R < 2 000 m	+ 15 ℃、− 20 ℃	+ 10 ℃、− 15 ℃	± 5 ℃
400 m ≤ R < 800 m	+ 10 ℃、− 15 ℃	+ 5 ℃、− 10 ℃	——

注：作业轨温范围按实际锁定轨温计算。

作业前、作业中、作业后测量轨温。作业完成一处恢复一处，随时观察线路状况。如图 7.54 所示。

（a）   （b）   （c）

图 7.54　测量轨温

2. 胀轨跑道处理

（1）轨道出现碎弯：初期停止作业，专人看守，有发展时限速处理。如图 7.55 所示。

（2）轨向偏差到 12 mm 时，停止行车，采取钢轨降温措施。如图 7.56 所示。

（3）胀轨跑道阶段，拦停列车、钢轨降温。无效时截断钢轨放散应力，限速行车。如图 7.57 所示。

图 7.55　轨道出现碎弯的处理　　图 7.56　轨向产生偏差的处理　　图 7.57　胀轨跑道的处理

3. 断轨的处理

（1）紧急处理。

钢轨断缝小于 50 mm，用鼓包夹板配合急救器固定，看守并限速 5 km/h 行车。断缝小于 30 mm 限速 15～25 km/h，可原位焊复。如图 7.58 所示。

（a）　　　　　　　　　（b）　　　　　　　　　（c）

图 7.58　紧急处理

（2）临时处理。

钢轨断缝大于 50 mm，锯轨插入不小于 6 mm 断轨，上接头、紧扣件。限速 160 km/h 以下。如图 7.59 所示。

（a）　　　　　　　　　（b）　　　　　　　　　（c）

图 7.59　临时处理

（3）永久处理。

对紧急处理或临时处理的处所，应及时插入短轨进行焊复，恢复无缝线路轨道结构。

三、电气化铁路线路的维护

电气化铁路线路，因有接触网和轨道电路等设备，进行线路维修作业时，应根据电气化铁路特点和要求进行维修作业，以保证行车和作业安全。

人员工具必须距离接触网 2 m 以上。控制起道量保证轨面至接触网的安全距离。控制拨道量保证接触网机车接触，相关规定按规范执行。电气化区段更换夹板、钢轨等影响供电线路施工必须与供电部门共同配合进行。如图 7.60 所示。

| （a） | （b） | （c） |

图 7.60　电气化铁路线路的维护

四、高速铁路无砟轨道的维护

高铁轨道的维护按"预防为主、防治结合、严检慎修"原则进行。

（一）高速铁路无砟轨道的基本规定

无砟轨道结构重在检查和日常保养，及时修补离缝、裂纹、掉块，做好预防性修理，增强耐久性，延长结构使用寿命。高速铁路对作业方案应实行等级管理、分级审批制度。

（二）高速铁路线路维护的重点

高速铁路线路维护的重点是曲线、道岔、焊缝和过渡段，其工艺与普铁基本相同，但标准更严格。下面重点介绍高铁无砟轨道的轨道板维护。

1. 板式无砟轨道的主要病害

板式无砟轨道的主要病害如图 7.61～图 7.69 所示。

图 7.61　离（裂缝）缝　　　图 7.62　砂浆与轨道板离缝　　　图 7.63　凸台树脂与轨道板
　　　　　　　　　　　　　　　　　　　　　　　　　　　　　　之间出现裂缝

图 7.64　底座裂纹

图 7.65　接缝裂纹（离缝）

图 7.66　轨道板挡肩裂缝

图 7.67　侧向挡块伤损

图 7.68　轨道板表面裂缝

图 7.69　自密层离缝

2. 器具准备

无砟轨道维护检查应备有混凝土、水泥乳化沥青砂浆等裂缝宽度、深度及无砟道床结构层间缝隙检测器具。

3. 整治措施

注浆修补离缝：CRTS I 型板式无砟轨道水泥乳化沥青砂浆离缝修补宜采用丙烯酸酯类树脂材料，CRTS II 型板式和双块式无砟轨道离缝修补宜采用低黏度树脂材料，施工适宜温度为 5 ~ 30 ℃，雨雪天不得施工，如图 7.70 所示。

修补裂纹：采用表面封闭法、无压注浆法和低压注浆法，如图 7.71 所示。

（a）

（b）

（c）

图 7.70　注浆修补离缝

（a） （b） （c）

图 7.71　修补裂纹

拓展模块

　　轨道设备维修拓展模块主要对线路基本作业规定、无缝线路维修作业规定进行了介绍。

拓展模块七　轨道设备维修

实作模块

　　实训一　线路起道（垫板）作业

　　检查找出线路高低、水平不良处所，进行起道捣固（垫板）作业，掌握起道捣固作业技能。

实训指导书七

　　实训二　线路拨道作业

　　检查找出线路方向不良处所，进行拨道作业，掌握拨道作业技能。

　　实训三　线路改道作业

　　检查找出线路轨距不良处所，进行改道作业，掌握改道作业技能。

　　实训四　更换钢轨（短轨）作业

　　更换一根不超 6.25 m 钢轨，熟悉更换钢轨作业安全措施及实作技巧。

　　实训五　更换接头（夹板）作业

　　检查找出接头损伤处所，更换伤损接头部件，进行涂油作业。掌握钢轨连接部件的拆装更换技能。

　　实训六　单根抽换轨枕作业

　　检查找出伤损轨枕，进行抽换作业，掌握轨枕抽换安全措施和实作技巧。

　　实训七　曲线线路整正作业

　　利用绳正法进行曲线整正拨量计算并进行整正作业。

　　实训八　高铁轨道板检查与维修

　　对轨道板进行裂缝、离缝检查，并进行裂纹修补作业。

1. 怎样计算圆曲线上各测点的正矢？
2. 简述拨道、改道作业的概念、主要类型和作业程序。
3. 简述更换钢轨、轨枕的作业程序和要求。
4. 简述安装、更换钢轨接头夹板的作业程序和要求。
5. 简述如何正确测量圆曲线上各测点的正矢。
6. 简述道岔水平、方向不良及尖轨、导曲线、辙叉等主要病害和整治措施。
7. 简述无缝线路作业轨温条件规定及轨温测量方法。
8. 简述胀轨跑道的处理方法。
9. 简述钢轨折断的处理办法。
10. 简述高速铁路无砟轨道道床的主要病害与维护内容。

参考文献

[1] 国家铁路局. 铁路轨道设计规范：TB 10082—2017[S]. 北京：中国铁道出版社，2017.

[2] 国家铁路局. 铁路线路设计规范：TB 10098—2017[S]. 北京：中国铁道出版社，2017.

[3] 国家铁路局. 铁路车站及枢纽设计规范：TB 10099—2017[S]. 北京：中国铁道出版社，2017.

[4] 国家铁路局. 铁路轨道工程施工质量验收标准：TB 10413—2018[S]. 北京：中国铁道出版社，2018.

[5] 国家铁路局. 高速铁路设计规范：TB 10621—2014[S].北京：中国铁道出版社，2014.

[6] 中国铁路总公司（中国国家铁路集团）. 铁路技术管理规程（普速铁路部分）[M]. 北京：中国铁道出版社，2014.

[7] 中国铁路总公司（中国国家铁路集团）. 铁路技术管理规程（高速铁路部分）[M]. 北京：中国铁道出版社，2014.

[8] 中国铁路总公司. 普速铁路线路修理规则：TG/GW 102—2019[M]. 北京：中国铁道出版社，2019.

[9] 中国国家铁路集团有限公司. 高速铁路线路维修规则[S]. 北京：中国铁道出版社，2023.

[10] 中国国家铁路集团有限公司. 普速铁路工务安全规则：TG/GW101—2023[S]. 北京：中国铁道出版社，2023.

[11] 中国铁路总公司. 高速铁路工务安全规则：TG/GW 121—2014[S]. 北京：中国铁道出版社，2013.

[12] 梁斌. 铁路轨道构造[M]. 北京：北京大学出版社，2013.

[13] 梁斌. 铁路轨道施工与维护[M]. 北京：北京大学出版社，2014.

[14] 何奎元. 铁路轨道与修理[M]. 2 版. 北京：中国铁道出版社，2016.

[15] 李明华. 铁道及城市轨道养护与维修[M]. 北京：中国铁道出版社，2014.

[16] 易思蓉. 铁道工程[M]. 3 版. 北京：中国铁道出版社，2016.

[17] 王兴强，郭兆君. 铁路轨道施工与维修[M]. 北京：中国铁道出版社，2014.